U0002673

世茂出版有限公司
世潮出版有限公司
智富出版有限公司

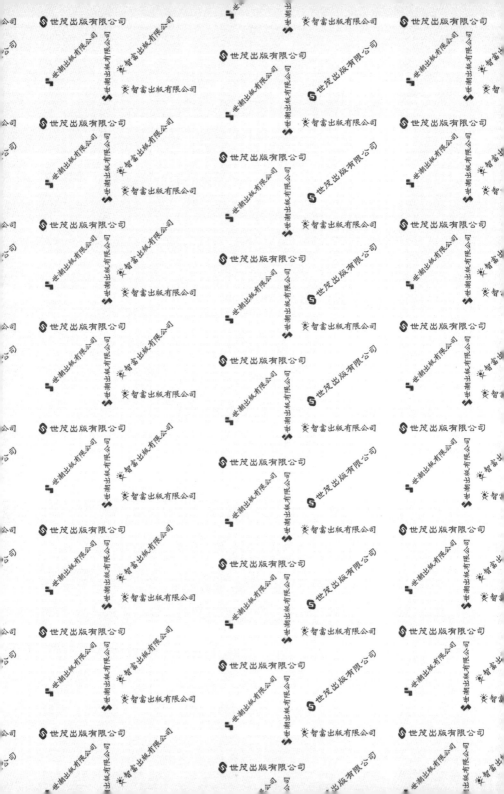

世茂出版有限公司
世潮出版有限公司
智富出版有限公司

這本書，
獻給很久沒見面爸媽家人、同學、好友，
以及支持我客戶和學生們，
還有一位不在人世間的學生Chris，
答應過你要把未完成的人生，一起過的精彩！

感謝生命中出現的每個你和妳，
讓我的生命更加繽紛色彩，
創造我全新的人生價值。

差異性就是競爭力

「企業內訓」活潑有趣教學的方式。
引導學員在工作職場上，積極正面的態度完成工作！

主張
快樂學習

工作既是生活的一部分，我們更該懂得玩、懂得嘗試挑戰，快樂學習！

危機就是轉機

就算只剩下一支筆我也能「教課」，已經把自己磨練多時，舉凡電腦當機、投影機故障、麥克風訊號不穩，我都可以教課！也因此，才有很多「經驗」教大家如何在台上有自信！

什麼是自信？

最常在課堂中，用「自信」互動討論，答案不同，我都認同。我對「自信」的解讀？自信是自在！少一點就「自卑」，多一點就會「自傲」，剛剛好的自信就是「好自在」

人沒有缺點 只有加強與調整

我把自己比喻成一種「混音器」，隨時「加強與調整」！人沒有完美，只有努力的做自己。「勇敢」面對自己的問題，找對方法來處理，這是我一直對自己與學生的提醒。

西瓜

然後
那
吧
嗯
對
靠
嘿阿

企業名師

憲哥說：

『會紅、可生存的企業講
師要有，把複雜變簡單
，把簡單變複雜的能力』

電影

「三個傻瓜」啟發

把複雜的變簡單;
把簡單的變有趣;
把有趣的變好記;
同時主張「快樂學習」
做一個正面幽默，
具有啟發性的老師...
我朝這目標努力著！

如果不會說，連做的機會都沒有

文明的世界裡...大家都使用科技產品來溝通，
人的表達能力、溝通能力已經慢慢退化...
我無法改變這個世界，但我可以做些我想做的事情。

走入小朋友世界，
讓他們懂得自信，
學會用心看世界。

圖為城鄉差距很大的澎湖七美國中、嘉義梅山鄉太和國小，教導小朋友「自信」的課程記錄

能活著就是幸福，
做志工時，從一個躺在加護病房的病人，
要我不要「白活」。
當下我期許我自己，讓自己的生命有價值！

帶著學生做公益，
是為社會盡心，
更是身為老師的驕傲。

本書
封面 攝影
彩頁 攝影/美編
by 京城創藝-謝瑋銘

要**自信**勇敢面對自己不擅長又害怕的事情！

蛻變... 除了機緣之外，要靠自己的意念！

王東明◎著

說中點 講重點

說出你的自信指數

我就是能說動人

推薦序

『勇者無懼，築夢踏實』！
東明老師憑藉積極、正面，努力不懈的精神，
一步步走上人生舞台，盡情自信展現，追求成就他人的價值，堪為典範！
～陶淑貞（盟亞企業管理顧問公司　執行長）

麥克風加信念可以改變世界，
東明在舞台上說出了最佳的詮釋！
～謝文憲（兩岸知名企管講師、商業周刊專欄作家）

如果您也害怕上台？讓東明老師的書幫助您自信上台，
自在表現，作一個更好更有魅力的自己。
～王永福（知名企業簡報教練，內部講師訓練專家）

東明老師以自身破繭的經驗幫助學生蛻變，
他帶給學生最棒的禮物就是──自信！自信說話，就從《說中點　講重點》開始！
～周震宇（聲音訓練專家）

說話，想說出自信，又說到讓人相信，
王老書這本書，可信也要信。
～唐崇達（文案達人　文案的第一把『教』椅）

上台就像上擂台!?讓東明老師幫您上台就像上舞台！
塑造有自信的自己就從這本書開始！
～劉恭甫（創新管理實戰研究中心執行長、兩岸知名企業管理顧問講師）

常覺得自己不知道在講什麼東東？
想要說好話說對話就聽他說分明！
～蔡祐吉（TVBS新聞部製作人、世新大學口語傳播系講師）

「一言可興邦，也可喪邦。」
如何掌握談話技巧，待此書細細說來。
～陳瓊華 **Robin**（講師；人氣社群炒手）

說一套做一套，聽眾馬上就知道，
交給東明老師，讓你馬上變成表裡如一的閃亮巨星。
～張力仁

練習說好話，可以建立優質人際網，練習說對話，可以發揮超級影響力，
想同時學習如何把話說對又說好，東明老師這本書絕對讓你茅塞頓開。
～陳彥宏（人生教練成長顧問（股）公司　總經理）

您準備好每次上台都展現『**The Best**』了嗎？
透過東明讓您做到『自信＋狀態＝內外合一』
～林聖修 **Ben**（丞鑫企管　負責人，企業訓練講師/教練）

人生無限可能的自我價值，
透過熱情可以看見奇蹟，透過本書可以找到自信。
～曾德偉（電影『陣頭』九天民技藝團音樂總監兼著團作曲家）

創意想像無限，如何讓想法說清楚講明白？
跟著東明一起講重點，成為夢想的實踐者不難。
～楊婕妤（關愛之家創辦人、16屆醫療奉獻獎得主）

把語言變成快樂元素，
用信心鼓舞芸芸眾生—這就是東明！
～張天雄（公益藝術家協會理事長、大學學務長）

舉凡學生、老師、上班族、士農工商、小吃攤～
都是東明的學生！更是一路以來改變他的活教材～
當別人的老師不稀奇！當自己的老師教自己～
用精采的人生教你說聽講！

～王紙盒（大河創意製片　導演）

看東明老師教你如何有絕佳的溝通能力，
讓你見人就能「侃侃而談」，在上司與客戶面前「滔滔不絕」！
～梁丹青（南台科技大學資訊傳播系所助理教授）

改命改運，不如改變說話方式
跟著東明老師學說話，改變命運。
～Ada（筆記女王）

口才訓練找東明，
輕鬆表達你變行！
～ABoCo 沈寶仁（陸保科技行銷有限公司　執行長）

會說話很好，但說好話更酷
東明魔法力，展現個人好魅力
～陳慶任（鉅鋼機械執行副總經理）

東明老師的說話煉金術，
讓我的麥克風點石成金。
～汪逸仁（愛爾航空培訓　總經理）

東明老師教會我劣勢變優勢的能力，
說出客戶想聽的語言，講出自己的特色。
～陳美邑（頂級　樹也 ChooArt Villa 營運長）

東明老師是我遇過最懂「說得精彩，講得漂亮」的人，
能看到他魅力表達的精華集結成冊，只能說：「福氣啦！」
～貓眼娜娜（暢銷作家&出版人）

用最正向的能量，展現最漂亮的口才！

東明老師教的，是一種做人的藝術！
～宋美蒔（美商英瑞其生技（股）公司總經理　十藝生技（股）公司執行長，
網路行銷專業講師）

上台的表現，在職場上是最直接，也是最重要的競爭力！
～楊智為（勤智企管顧問公司　總經理）

東明的內心住著一個熱心助人的天使，
正面能量是他的魅力！教人說話是他的能力。
讓人有自信是他的魅力。
～插畫家王子麵

說出自信演出人生，創造職場優勢
～蕭合儀（職場作家）

相手の心を聴かれるのは大事ですが、
その心をなだめるような話し方はもっと大事です。
東明の建言、聞かなきゃ！
～Hiro（Kamata 顏分析　藝術總監）

口語表達與溝通技巧，是倚天劍加上屠龍刀，
讓東明老師幫你打通任督二脈，笑傲舞台！
～吳佰鴻（台北市企業經營管理顧問職業工會理事長）

東明老師說話不只有魅力更有種魔力
讀者能在書中找到運用溝通，實踐夢想的說話之道！
～趙大鼻（圖文作家　暢銷書——大鼻的抗癌日記作者）

『王』氏語錄喜相逢，『東』南西北處流通
『明』白說話關鍵事，『讚』聲自信收穫豐
～趙胤丞（卓越華人訓練團隊視覺總監、弘光科技大學老福系講師）

有人的地方就是舞台，東明親自示範激發，
人人都能演出人生精彩好戲！
～賴麗雪（中華民國微電影協會祕書長·讀人俱樂部創辦人）

東明老書能幫助您克服上台恐懼，
盡情表現自己，展現自信魅力！
～楊偉龍（就是愛創意有限公司執行長、知名行銷講師）

自信就是像東明老師一樣在任何時間空間都自在表達，誠心分享
～董正堯（命理型男）

若想要讓對方留下好的印象，首先就是說一口好話，
不僅要說得漂亮、還要說的有誠意。這本書覺得可以讓您說一口好話
～文耀忠（聯賀欣企業管理顧問有限公司總經理）

臺上滔滔不絕、台下孜孜不倦；獨創與感性的婚禮策劃戰略，
如低調中的奇葩，是一部「經典老書」
～黃秀萍（馬來西亞柔佛州 DIY 一站式婚禮策劃館　董事經理）

東明老師的說話術，
讓青春期彆扭的刺蝟孩子，變成笑容燦爛的魅力發光體！
～吳憶如（澎湖　七美國中校長）

透過心靈去說出一句話的功力，
一定要看這本「說中點 講重點」！
～大莓羊（本本國際有限公司設計總監、知名圖文作家）

抗拒公眾演說？害怕上台講演時發台瘟？無法發揮得淋漓盡致？
東明能教你說得自在，無論台上台下都能說出有自信的話！
～吳佩君Queen（世界知名直銷公司世界級領導）

作者序

種下「夢想」的種子，肯定人生的十個「好啊！」

每一顆種子，透過陽光、空氣跟水，都有可能長成大樹；在播種的過程中，種子卻有可能被烏鴉叼走，也有可能遇上大雨泡爛，當然也有可能太陽曝曬，連發芽的機會都沒有，而幸運的我，總是跟上蒼祈禱，只要給我種下種子的機會，就是人生最幸運的事情了。

在書完成的前夕，我花了點時間把序寫完，往事就如同黑白電影一樣，把自己的人生經歷回顧了一遍，在家裡坐在電腦前面，邊寫邊笑邊修邊哭，一把鼻涕一把眼淚的感謝老天爺：我真的很幸運！

一路的「誤打誤撞」一直說「好啊！」秉持著先求有再求好的學習信念，

造就了今日的我。我的人生，就像是一部部的微電影，每個片段都成就了更好的自己。

還記得那天……，好友 Waylon & Robin 詢問出身廣告公司商業攝影師的我：「我們在社區大學教網路行銷，你有商業攝影背景，不知道你願意來教學生攝影？」

「**好阿！**」這是我人生的第一個好啊，讓我變成攝影講師，一路教「用傻瓜相機拍聰明照片」的課程。

當時，智慧型手機還沒普遍，大家都有傻瓜相機，有不少父母，不太好意思問自己的小孩如何使用照相機，所以只能自己報名上課，課堂上除了教這些比我還大的長輩拍照的同時，也打開了我「上台教課的興趣」！我深信，機會，總在不經意的時候敲門。

後來，我在蘆洲長安街賣了四年滷味，有客人問我說：「東明你很活潑，我親弟弟下個月結婚，你來主持好嗎？」「**好阿！**」第二個好啊，將我推上舞台，讓我得到第一次拿麥克風說話的機會，也得到出乎我意料的酬勞（紅包），讓原本不懂婚禮大小事情的我，精進自己，同中求異，走出自己的一個市場。

阿甘正傳說：「人生就像一盒巧克力，你永遠不知道下一顆會是什麼口味。」

有回收到一封意想不到的訊息，好友問我文大推廣部正在找「婚禮主持人」講師，詢問我的意願：「你要不要去試試？」我人生第三個「**好阿！**」在層層嚴謹的審核下，文大推廣部邀請我到開課教書。如果沒有當初的「好啊」，我無法了解我的實力，居然可以在文化大學推廣琳琅滿目的課程與老師中，脫穎而出當上三次十大講師，且學生給予我更大的回饋是，四次課後分數排行榜前十大的見證。

在不經意種下的種子，逐漸發芽。我成為了婚禮顧問講師、活動企劃講師，同時也指導馬來西亞學生在當地開設第一家婚顧公司，而開幕當天，破天荒地上了當地各大新聞媒體報導。

這個鼓勵讓當時教主持的我，信心大增，於是將我的努力過程中的主持語言經驗，以及學習方向，編撰成教學構思，創立了很多「獨家工具、自信心法」，希望可以讓跟學生教學相長，提供學生正確的學習方向。有一個學生跟我說：「老師你教的活潑有趣，『主持』不是每個人都需要，要不要把課程名稱調整一下？」我依然笑笑地說：「**好啊！**」

於是，第四個好啊，也造福每個不同的族群，相信在人生的各個階段以及各種職業，都需要「自信、說話、表達」，透過不同的語言學習技巧可以讓人以及教材，能夠讓人調整修正成更好的自己！

一個學生問我，老師你的課都在平日的晚上，我的朋友們想進修只能在假日學習。是否可以開公開班讓朋友也可以一起進修，「**好啊！**」第五個好啊！機會就這樣開始了「說話煉金術」「人際感染力」公開班持續到現在，同時也到了香港、廣州、哈爾濱、馬來西亞教課，突然間英文不怎麼流利的我，站上了「國際」舞台。好運接總而來，突然有一則私密留言問我，「東明老師我一直觀察你的部落格，也感受到你的教學熱情，由於我的工作屬性，職場身分無法參加公開班，是否能有一對一的顧問教練課程？」「**好啊！**」這個第六個好啊，讓我開始了一對一顧問教練的課程。

這樣的課程多方深獲好評，學員來自各行各業。比方說：很多職場發言人卻無法流利展現；專業講課卻無法跟學生有共鳴的講師；擔任業務工作卻不會做語言行銷；領導組織需要規劃的跨領域經理；很會寫書不會演講的作家變成當紅的課程講師；擁有碩士博士學歷在人前卻沒自信的經理，因不會表達、工作能力出現瓶頸，在課後狀況改善，甚至感情空窗很久也有了另一半……，等等，也是因為一個「好阿」，變成了個人顧問與生命教練，這一切都讓我感謝上天的安排，給讓我的工作有了不一樣的使命跟責任感。

從個人走入國際，從校園走入企業。人的機緣無限延伸，有回認識了某公司的人資HR，特別邀請我到企業講課，過去我雖然走過很多校園、公開班，沒有機會走進企業，也從一個「**好啊！**」（第七個）我的舞台人生已經大為不同了！

我的第八個好啊！又是來自好友Robin，她問我：「想成立一個公益讀書會（益讀）嗎？」只邀請出書的作者演講工作人員，講師都沒有酬勞車費，參加者也只收二〇〇元，扣除場地費用，全數捐給明陽基金會，累積至今居然也七年了，共捐出快五〇萬新台幣。因為益讀的經驗，後來公司也開始經營自信講堂，採訪在職場中有經歷故事的朋友，把我喜歡在電視裡的「看板人物」「小燕有約」搬到咖啡廳，也因為這樣認識出版社，共同製作募心世愛讀書會，除了邀請出版社書的作者之外，更讓自己的學生上台主持，完成我退居幕後策展，創造舞台給學生上場的夢想。

人生的境遇，遇上對的人真的很重要。「學長，你能教課、說話，學妹我簽下你，安排上電視當專家？」第九個好啊！讓我走上螢光幕，還是不改我一路走來的風格，先求有再求好！讓很多失聯同學、過去的同事主管、學長姊找到「王東明」之外，更讓常常對我的表現說「還好、還可以」的媽媽，熬夜守在電視看節目重播的同時，讓我看到對我不曾有「眼神有光芒嘴角微笑」那內斂驕傲的樣子，透過一個眼神嘴角，雖然長輩沒有講出口，但是一切盡在不言中，我知道媽媽很感動、有驕傲。

談到現在，只是想要跟大家分享，當我說出第十個「**好啊！**」讓我出了這本書。

有時會想，常教課、演講的我，卻不能在自己的「益讀」站上舞台，讓自己心中有點小小遺憾。直到有天，我在臉書上寫上有書籍出版的問題要請教，與出版社簡小姐有了共識，也想要將一路走來的舞台交流能力傳出去，想要透過書及影響更多人。

我不知道……我的下一個說『好啊！』的時機會在什麼時候？大家相信三十歲前的我，不會電腦，不會打字，更沒有email，第一台電腦還是朋友送我的中古IBM筆電，寫網誌常有錯字的我，進化自己到可以出書跟大家分享我的專業！套句課堂上講的幾句金句。

「先求有，再求好……求好之後，要成經典」

「不要跟人比跟自己比就好，因為每個人最大的敵人是自己」

「一天進步一點，十天進步就十點，不要跟人相比，因為每個人的起跑點不一樣」我一直精進自己，成就自己內心裡那個「想要成為什麼樣的人」……

我是平凡人，也可以做不平凡的事情……。

開始改變自己就從說「好啊！」開始。

因為你絕對不知道在你說「好啊！」之後會有什麼樣的精采人生。

你也會因為這樣「誤打誤撞」躍上另一個經典舞台嗎？

我可以，你也可以！

感謝幫過我，給我機會的朋友……

謝謝大家，謝謝出現在我生命中的每一個　你　妳！

目錄

LESSON 4

自我改造第四部：故事力

人人都愛說故事包裝，人脈存摺UP！ 179

LESSON 5

自我改造第五部：領導力

LESSON 1

自我改造第一部：
自信力

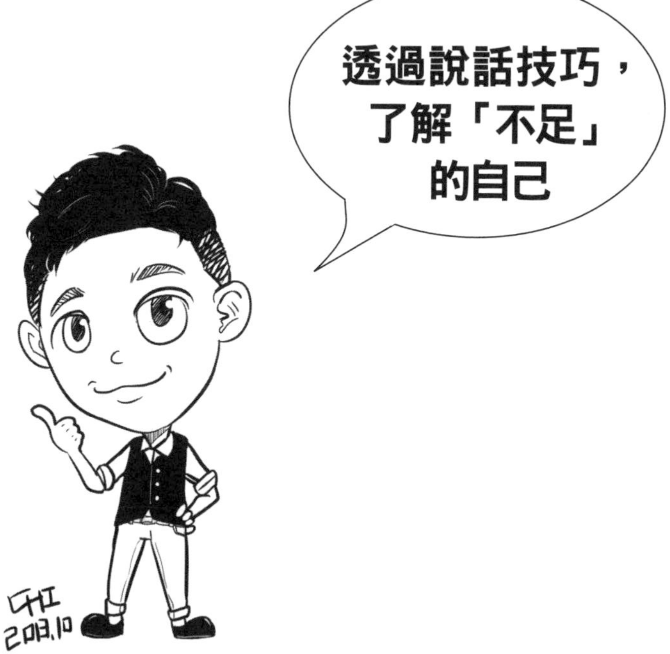
透過說話技巧，
了解「不足」
的自己
CHI
2013.10

1-1 為何我只能當「壁花」？

人生常有許多重要的場合，我們都期待可以眾人矚目的焦點，所以我們提升自己的外表、也改變了自己的穿著打扮，但是孰不知就算整裝上陣，還是有可能被狠狠丟在旁邊當壁花，對症下藥改變自己，才能成為低調奢華風的名牌貨。

在很多好萊塢的大片中，高校舞會是美國人最喜歡的人生轉折點戲碼，不論高中三年，曾是不太出眾的醜小鴨，總是可以透過這一次的宴會，一洗過去灰塵跟不起眼，成為閃亮耀眼、受人歡迎的舞會之王。每每在授課時與同學分享這樣的影片橋段，總不難看到台下會有幾位同學露出羨慕的眼神：「好好歐！我也想要變成人氣王。」

這些羨慕的人當中，不僅是剛畢業的大學新鮮人、還有很多專業人士，其中有一位，更讓我訝異，他是許多知名歌手化妝師，但是技術超群的他，卻坦白與我分享：「對過去曾有些遺憾，當年製作單位邀請上節目，大秀專業口才時，因為與生俱來的性格關係，難免有些怯場，因此錯失不少良機，而今日不少後起之秀，口條佳膽子大，在節目包裝下都變成美容達人、或是化妝界名嘴，想起這些，不禁心裡有點感嘆。」一個有專業、絲毫不出錯的人，是否靠這樣的形象，獲得一般大眾的好人緣呢？答案很難說，要看行銷的方式跟包裝方式。但不免俗地說，如果魅力跟專業能力可以並存，當然會幫自己的人生加分許多，大家說是嗎？

事實上，我相信多數人都有過這樣的經驗，在求學時期，一大群人簇擁中，有些人很自然而然的就變成受歡迎的人氣王，吸引到別人的目光，但是也有些人，不習慣主動爭取、被動接受場合中的氣氛導向，只能待在角落裡當壁花、或是跑龍套的角色，你說是嗎？其實，我認為想要學會真正的說話術，必須先把內心問題解決，才能得到「自信」，也才是改變自身未來方最好的方式。

在真正進行上課課程前，我必須在第一章節，帶領大家慢慢地、清晰地釐清一些人生的觀念，每個人都有心態的問題，障礙往往是來自於不為人知的成長過程，不論這些成長過程如何影響未來，在NLP法則裡，只要改變個人的潛意識認知，我們都有機會可以成就不一樣的形象。

生命從別怕改變開始

每一回我到大專院校演講時，當我一個人站在舞台上，要遞出我的麥克風，請台下的學員跟我一起互動、發表意見的時候，我總能看見，有部份人的眼神跟肢體裡透露說：「老師不要叫我，求求你！」這樣的人一般都會眼神閃爍、手腳緊張的亂晃，就算他真的知道我問題的答案，講話時也會氣若游絲，讓人感到不耐煩，時間拖越久，越磨損了一些等待者的熱情，全場也容易冷掉，但是這樣的人，對於自己當下的反應往往都是不自覺的，也讓人容易習慣去忽略他。英國鐵娘子柴契爾夫人曾經過說：「思想影響語言，語言影響行動，行動影響性格，性格影響命運。」上課時，我都跟大家說：「千萬不要變成小媳婦路線！」如果大家不想要自己被歸類成「被忽略」的角色，從現在起，就要先改變自己不正確的思想以及行動。

如果我不想要當壁花，應該要怎麼做呢？「當麥克風遞過來的時候，你不能閃躲，反而要很期待老師叫到你！不論講對講錯，都要大方的講出來！」一個有魅力的人，就算跌倒，也要用最大方的姿態。除了心態調整正確，如何透過一些個人的練習，以及他人的協助來改變自己的行為模式呢？我們可以從不同的工作形態以及需求，進行階段性的能力調整，讓每個人依照現下的需求，走出「壁花」陰影！

擺脫壁花框架，能力微整形

每個人都有想要改變的想法，卻沒有改變的行動方案。有位讀大四的同學激動地分享：「我從小說話就有點大舌頭，所以大家都在聊天的時候，我因為太害怕大家的眼光，所以我總是逃避上台報告的機會。」大四學生的天生個人或環境的障礙，造成了他的自信心不足，此外，也讓他自己自我設限了「後天」改變的人生機會！

想要擺脫壁花框架，全靠能力微整形。每個人都有天賦本能，而這些能力，只是沒有發揮，透過正確的引導，也能夠獲得更巨大的肯定。特里・伊格爾頓曾說過：「我們知道獅子強於馴獸師，這一點馴獸師知道，觀眾也知道，但是獅子不知道。」在一般人的心目中，一位專業的作家，絕對是運用辭彙表達的能手，但是想要請他們一瞬間變身習慣群眾的講師，就需要作一些調整。比方說：我有一位學生是講幽默的講師，但是他一上台就全身僵硬，如果我們可以藉由簡報的調整，改變作家慣用的陳述方式，採取「簡單、易懂」的關鍵字調整，就可以增加作家的信心，也減少聽眾對於作家的熟悉度。

檢視過往且遠觀未來，人生旅程千變萬化，每個人都不應該受限於過去的說話經驗，畢竟，就像我個人最近閱讀到的一段文字，深受震撼：「別忘了，你已經不是當年的你了，有時候你真的不知道，現在的自己有多棒！」站上舞台前，要戰勝的並非台下的群眾，要戰勝的首要敵人，絕對是深藏在過去被你制約的心。

【東明老師五分鐘錦囊】

首　先：隨時審視自己的外在！隨著年紀與場合的不同，挑選適合自己的身分、年齡、氣質、環境配合，在打扮的過程中，可以透過服飾更加了解自己。

第二步：建立說話的自信，進入一個陌生的環境，注意自己全身的姿勢，抬頭挺胸，聲音宏亮，表達清楚，眼神專注，可以強化對方印象。

第三步：適度表達自己的意見，一般社交場合中，盡量利用簡短而肯定的語氣，表達自己的意見，如果不知道要說什麼，可以用「我不太清楚，但是我很想聽聽你的意見！」取代「我不知道」。

1-2

我是不是該安靜的走開？

有人群的地方稱之為「場合」，每個場合都有一定目的，社交場合、商務場合，依不同成舞台上不同場景，一幕場景中，需要很多角色，主角、配角，也需要沒台詞的道具，一個具有魅力的人在不同場景中，適切更換自我定位，可凸顯特質，進對得宜。

除了平常愛看電影，郭富城郭天王的歌更是我人生重要的精神糧食之一，有時候上課時，我也喜歡用歌曲來引導大家思考。不曉得大家還記不記得這首歌：「我不知道為什麼這樣，愛情不是我想像，總是找不到往你的方向，該不該將你遺忘？」其實在很多場合裡，我們就像站在大雨中，與人對話如陷入五里霧中，尤其是心裡油然而生的懼怕感，就如同站在要表白的愛人面前，懷著忐忑的心境，反覆琢磨思考，這時候該不該接話？會不會講錯話？這句話在這段溝通中，是不是會造成不同的影響呢？

請大家思考，一個有魅力的人，是不是隨時都是話匣子全開呢？而每個場合、每個場景裡，每個人都適合當主角嗎？如果人生舞台上沒有那麼多主角可以當，還有哪些角色可以讓我們「扮演」呢？

有一回有位學生來上打造個人品牌的課程，我詢問他原因，他說他原先在公司裡擔任一位專業的工程師，但是因為近幾年來公司內部編制修改，所以上級主管希望他可善用他的專業，轉任業務職，他非常擔心，特別跑來跟我求助。經過一番深談，終於知道他擔心的原因了。他說：「要談論科技方面的專業知識，我都可以照流程，一問一答絕對不是問題，多數人也都可以接受我的講話方式，但是一想到要轉任業務職，真的一點信心都沒有，在不同的場合，我該講什麼話呢？好多次，只講得上幾個專業術語，真令人沮喪！我真的很希望我可以適時地接話。」

聽到了這位學生的心聲，我重申了一直堅持的理念。對企業而言，要建立品牌才能永續經營，對個人而言，要建立形象品牌，才能出類拔萃，可是建立個人品牌需要花多少時間呢？很難預測。除了個人特質強烈是先決條件，還要懂得接換場合定位有切換能力，也很重要！有些人天生麗質，想當然爾每回都會被選為主角，就像金城武、高以翔這一類的人；有些人屬於長得有特色，能讓人過目不忘，躍升成喜劇泰斗，紅花也需要重要的綠葉襯托，就像許效舜、陳漢典等扮演重要的配角；更有些人是透過努力，擅長在化解場合尷尬，從B咖裡產生的頂尖人物，多從主持做起，所以，任何人都不該妄自菲薄，懂得在場合中做出最適切的演出。對我來說，每一個逆境，都不是逆境，反而代表了最好的轉機。

沒有開不了口的場合，只有不敢開口的人

有一回我舉辦了一個非常特殊的活動《美味關係》，由於現場是一位法國藍帶美女主廚親自下廚，除了帥哥美女的組合，還有電影情節中的奢華、浪漫，美酒、佳肴都在眼前，自然氣氛很快速地熟絡起來，吸引了非常多「層次」頂好的貴婦們來參加，一場美食活動中，也成了時尚名流的交誼場所。

由於報名的人員來自各行各業，面對生活背景不同的人，平常吃的東西不同、價值觀以及花費的標準都不同，往往談論品味的話題，會有極大的差異，

因此不知該如何開口，怕說了顯得自己不夠檔次。這樣窘境你遇過嗎？「到底我要怎麼開口比較好呢？」想要延續場合中的好印象，又想藉著在輕鬆的氛圍，認識新朋友。要講什麼話，才能凸顯個人呢？

我是這樣建議，想要懂得場合的掌握，不是一句兩句話，就可以輕易帶過的，全部都要靠經驗的碰撞火花，故有需要先練出敏銳觀察力，讓個人成為「環境變色龍」。該如何了解環境呢？進入場合前，要先了解活動的規劃方向，當然，做到每參加一個活動，都要身家調查，是太過誇張，至少自己要先喜歡這活動，全心投入場合，才能說出自在！

藝高人膽大，黃金人脈晉升術

來上過我的課程的學生都知道，說話是一種天份，有時候更是一種技巧演練。譬如說，有一位女學生就曾經問過我：「一堆人中，我如何在當下判斷自己的角色呢？」

首先，我們要先放掉「先入為主」的心態，我們不是每次都是主角，有時候大堆頭的時候，就可以大量放空，不見得每一次都要插話。然後呢，我們要繼續練習，在每一回與人交談，甚至一個眼神交會，先判斷對方有沒有興趣聽我說話的話題，眼睛要正視對方，微笑加上點頭，如果說這句話，對方的表情是茫然，還是皺眉？接著判斷皺眉是聽不懂，還是不開心？如果是前者，不妨問問看：「您對於剛才的話聽得明白呢？」如果是後者，發現對方不開心、話題沒興趣，就先換其他人開口，若還想要繼續撐下去的話，再嘗試看看開新的話題。

所以我們重新再提醒大家，融入場合絕佳流程如下：**先觀察↓聆聽大家的話題↓開始發表意見↓觀察聽眾的眼神跟表情↓再決定要不要更深入。**大家要讓自己完全融入一系列的流程，最好可以變成一種習慣，立馬上就有決定場合角色扮演的能力，我是主角？還是綠葉？還是該閉嘴凝聽，然後等待適合的時機插話，當我們可以透過觀察力，判斷後馬上轉化自己內心的技巧，不僅僅不用提早離開聚會場所，還可以把新朋友都變成黃金人脈。

我們在本節一開始的時候，有提到工程師轉成業務的案例，商務場合搭得上話，更是大家想要了解的重要議題。我有一點小小建議，越是重要的黃金人脈，從配角轉換為主角的時間，觀察越要有耐心，要拉長觀察時間，台語說：「呷緊攏破碗。」真的不知道要怎麼開口，就先聽聽別人怎麼說。

我曾經參加過一個場合，是一場律師公會演講活動，在場都是專業律師群，穿著有質感，有著一定的品味，身上不見得配戴名牌，卻可以從他們的私人用品發現，每個人都很重視身份地位！因專長跟興趣也不同，可在打聲招呼後，從個人配件、近期的社交活動開始閒聊，比方說：重視搭配的律師，不妨詢問有無最喜歡的品牌、運動、以及車款等，倘若是年紀比較大的律師，就要準備一些輕鬆的笑料，或是問候家人的近況等等，都是挺不錯的切入點。

如果以上幾點，都沒有顯著的效果，則可選擇扮演好「綠葉」的角色，聽大夥閒聊什麼樣的話題應和，或是細心、貼心地幫忙拿取飲料等等，只要大家聊開了，話鋒總有轉到你的時候，就有機會聊上幾句！但此時不見得要馬上急於表達，有時候保持神祕感、禮貌地說：「我這個人很無聊，我比較喜歡聽你們說話！」也是一種不錯的變色龍保護色，保留進可攻退可守的空間！

【東明老師五分鐘錦囊】

讓自己升級場合主角的三撇步：

第一步：參加活動前，要評估自己背景跟活動其他的人的背景，有何相同處，有何相異處。

比方說，參加品酒活動中，如果大家都聊威士忌，新夥伴可選擇高粱酒，創造出不同話題聊天的機會。

第二步：特別提醒大家，一個想要掌握場合的人，要知道「主從身分」的改變，主人在旁邊的時候要介紹，別人在發言的時候，先聽完再插話，要重視禮貌！

第三步：保持安靜的時候，還是要有微笑跟眼神的交流，認真聆聽對方說話，不能分心。

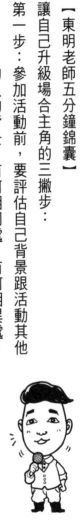

1-3

外表帥氣，卻總是人氣低迷？

天生好外表，往往可以減少受挫的次數跟機會，可是隨著年歲增長，空有外表的繡花枕頭，也會讓人感到俗不可耐，好外表不等於好人氣，自信與自傲就在你個人是否懂得定位的訣竅。

在大家週遭，都有外表比較出眾的人，大家覺得跟這些人相處起來，對方會不會比較有天生的優越感呢？從幼稚園開始，老師是不是都比較喜歡白淨、臉蛋漂亮的小孩子呢？從國小開始，漂亮的模範生，總是比較容易得到師長的誇獎，不是嗎？大家被一些外在的表象制約了，難免有一些主觀的想法。近年來，在年輕族群中，帥氣、美麗的外表，已經變成討人喜歡的首要要件，但進入職場後，可就不一定了，外表在能力評量的佔比中，不見得討喜，有逐年下降的趨勢。

在某次知名保險公司企業內訓的過程中，為了更了解單位需求，訓練前我特別與一位女性業務主管聊起用人標準，她說：「外表是基本的條件，但是應對進退的能力，以及個人化的說話印象，更佔了挑選人才時，百分之八十的考量。」我又問：「那如果外表最亮麗新進人員，業績就是最好的嗎？」主管笑笑地回答我說：「東明老師，這倒不一定，相貌端正、親和力高的同仁，反而多有亮眼的業績表現。」

聽完這一番話，想請問大家有什麼樣的想法呢？是否跟我一樣有對於原本的想法，有了不一樣的衝擊呢？帥氣、美麗的人，雖然容易取得印象加分的入場券，卻不見得是企業最喜歡的員工，為什麼會有這樣的觀念落差呢？我遇到某些學員因成長過程中，外表討喜而易得長輩喜愛，卻不懂得溝通，被平輩或是同儕討厭，造成心態扭曲；也有些人慣於用油腔滑調來掩飾自己的自卑感，不論真正的原因是哪些，既然我們看到了問題，就有了「覺知」，要懂得透過後天的學習，來改變目前已經產生的劣勢。

錯誤定位影響品牌人生

為什麼稱這樣的狀況叫做「劣勢」呢？帥不好嗎？帥當然很好，但是用錯方式、放錯地方，絕對是不好的，因為過度自信很有可能轉變成驕傲，這樣就不太好囉！對於個人的品牌形象也是大大扣分，就好像有些男性業務，特別喜歡在女性面前，不斷強調自己的豐功偉業，不在乎別人的想法，就算他有討喜的外表，也變成了削減人氣度的主因。

很多年前，王力宏剛出道的時候，經紀公司先考量了他的外在條件，以及長遠的市場規劃，最後決定將他定位成「偶像派」，當然一開始的時候，確實吸引了大量的粉絲，人氣指數攀升極快，但是在他個人特質中，也有不容小覷的音樂實力，卻是多數人沒有看到的。這，都是包裝錯誤的定位，抹殺了王力宏在星路上嘗試不同走向的機會，大家說是嗎？一位成熟的人，應該優先在人生不同階段，依照不同的工作性質，設定自己不同的品牌定位。

想要站上更高大的舞台，就要懂得隨時轉換天生的「包袱」。有個在出版業工作的企劃 Miss Lin 來找我，因為她身高很高，所以一直覺得自己不適合主持，但是臉蛋秀氣精緻的她告訴我，她想要當一個婚禮主持，但是，我很明確的告知她：「婚禮主持不適合你，沒有新娘喜歡比自己身高高的主持人，但是你絕對適合流行精品以及珠寶的場合。」讓她了解自己的優勢劣勢後，轉劣勢為優勢，作出適合的決定。多聽取專業的建議來了解自己，也是找到自我定位的方式之一。

微笑藝術博人氣

學生常問我：「如何善用外表來提高人氣呢？」對於外表出眾的人來說，多數人都會犯了忽略「臉部表情」的小毛病。不論說話者或是聆聽者，都喜歡跟親和力高的人相處，而代表了親和力的重要工具就是「微笑」。

微笑本身就是一種「以退為進」的說話自信表達技巧，不僅可以面對客戶的問題、面對陰錯陽差的窘境，都可以靠「笑而不答」來作為解套的方式，將自己過度的自信外表，轉變成一種內斂的魅力，也可以創造讓別人了解自己的機會。在人際交流上，微笑是最萬無一失的進攻。有些學生會問我：「那為什麼不採取哈哈大笑的方式呢？不是更捧場？」根據多年經驗，此方式對有些人來說，是不見得通用，有時還會造成反效果。

任何說話表情的運用，都要因人而異，就像人需要化對妝一樣，不同職業也需要不同的形象，才會應用得宜。結合我們上述所提到，要結合個人工作、年齡作規劃，一位20來歲的房屋女仲介，意識到自己的五官屬於艷麗系，她就避免不要擦過於華麗的睫毛膏、大紅朱唇，淡妝反而可以添加親和力，拉進人與人的無形距離，了解了自己的定位，在提升個人工作業績的同時，也會培養得心應手的自信。

【東明老師五分鐘錦囊】

表情更重於外表所傳達的感受，切記勿踩表情地雷區！

第一點：態度冷淡，會使感到疏離，缺乏聆聽的興趣。

第二點：舉止隨便，人必自重而後人重之，當你對別人待以尊重，別人也會回饋。

第三點：表情不宜過度嚴肅，會使人產生緊張感，行為壓抑且拘謹。

第四點：聽別人說話時，表情不宜太驕傲，對於比較沒有自信的人來說，容易傷害對方的自尊心。

1-4

勤背笑話卻老是被打槍？

只要談起幽默說話術，就會想到背笑話。說笑話，更是在冷場的時候，最快暖場的方式，笑話說得好，不費吹灰之力就可激起大家興趣，倘若講述過程死板板，抓不到箇中眉角，反而雪上加霜，自信瞬間腰折。

有心想要展現個人魅力的人，多數都想要嘗試幽默風趣路線。但對於多數人來說，若不是天份過人，否則很可能在沒有透過學習掌控笑與語言的結合之際，卻鬧出很多冷場面，產生出師未捷，身先士卒的狀況。

比方說：我常常以文會友，所以每月都有個活動是邀請作家來分享新書。有一回我遇見一個有趣的作家，她平常在私底下都可以表現得很好，反應機智靈敏，為了炒熱本次活動的氣氛，她還特別背了很多個笑話作為串場用，想不到，事情卻不如我們想像，她，出包了！全場氣氛冷到谷底，站在台上的她不知所措，因為笑話都說完了，台下怎麼都沒有反應，幸虧我趕緊接棒，才讓場面控制住。

這位作者非常難過，活動結束後私下來找我，「東明老師，我笑話都背很熟，也沒有忘詞，為什麼會這樣呢？我好難過歐，完全沒有信心了。」像這樣的狀況，在我們的日常生活中常常發生，有些喜歡講笑話的男生，讓女生感到無趣；拜訪客戶時，明明每一次都有準備，卻讓場面冷場結冰，這樣的笑話不僅沒有發揮感染力，反而讓自己大打折扣！

懂笑話不如鬧「笑話」

要如何不讓自己尷尬，又講出一個博大家歡心的好笑話呢？不忍心看大家一頭霧水，我偷偷的透露，講笑話是有訣竅的！只要把絕竅抓牢，不用背笑話，也會讓簡單的生活瑣事，透過個人的詮釋，變得有趣而生動。

從我個人多年來教授說話的經驗來看，每個人都具有理解笑話的能耐，卻少了點融入笑話的天真，怎麼說呢？多數人都可看出文章的笑點在哪裡、故事結構想要表達的「梗」，但是笑話不是說故事，它只是一個氛圍、一則小品，所以，不需要大量的鋪陳跟陳述，最快速又好上手的方式，就是「鬧」笑話。

通常對於表演經驗不足的學生，要準備上場說話之前，都建議大家都要先練習「深呼吸！」藉由吐納，先化解緊張的情緒，讓全身都放鬆，不要太在意笑話的內容有沒有每個字都講到，也不要太重視流程的時間控制，只要記得讓聽笑話的人感到放輕鬆，「吵吵鬧鬧、瘋瘋癲癲」，就是一個想要傳達笑話的人最重要的心法，想要催眠別人，自己要先被催眠，挑簡單的方式呈現，不要怕失敗。如果真的失敗了怎麼辦呢？提供以下的緩衝方式。

假設是我在台上，講笑話講到一半忘詞了，多會這樣的回答：「怎麼辦，剛剛那個笑話，好像不夠好笑耶，同學們，我們該怎麼辦呢？那就涼拌炒雞蛋吧！反正把場子搞冷才是我的強項。」當然講這段話的時候，為了有效果我還會故作任性跺腳狀，裝裝可愛吸引台下的人注意，或套句口頭禪：「雖然我是偶像，但是我沒有包袱。」不怕鬧笑話，才能真正融入人群中。

講笑話是轉換印象的捷徑

我常說：「說話很容易，卻蘊涵了看不到的功力！」說話在日常生活中，除了是一種表達，透過聲音，也能發揮傳遞情緒的感染力。比方說，大家覺得喜怒哀樂，何者最容易感染人呢？四種表現方式，都有學員認同，但大家有沒有想過，當一般人哭著、氣著跟別人說一件事情時，效果往往不如笑著陳述，來得深入人心。

想把笑話說得好，必須設身處地了解對方的心態，轉化角度，回想自己會因為什麼樣的狀況而發笑呢？多數人會因為誇張的肢體動作、怪異的聲音、還有不如常人的表情，容易被逗笑，也要針對笑話屬性的不同，作出配合的動作如下述這個常聽到的網路笑話。

隔壁的王小姐有一回經過地下街的時候，遇到一個占卜的人，跟她說：「小姐，我看你臉色發青，要不要讓我幫你解凶兆！」

王小姐一聽拔腿就跑，警察先生剛好經過，就查問王小姐，小姐說：「地下街有變態，一看到我就叫我解胸罩！」

這雖然是一個短短的舉例，但屬於「看了」才懂的「梗」。凶兆、胸罩同音，在講述的時候，要加上拔腿就跑、解開胸罩的動作，聽眾才會真正的理解，如果算命師加上台灣國語腔，這樣人物就更生動有趣了！

再舉一個例子來說，難以意會的即興冷笑話，是最容易冷場的。有個大學生想要跟朋友開啟聊天話題，於是他問了朋友說：「你知道媽媽最怕什麼人嗎？」朋友回答說：「不清楚。」於是大學生就說了：「面速力！」同學們問說：「為什麼？」大學生答：「因為面速力打母。」

這種類型的笑話，需要兩人間有點默契的激盪。一開始的時候，大學生的朋友就不積極的猜謎、參與，就算知道答案，他也不覺得好笑，所以要在講述的過程，時間上，需要停留空白5～10秒，讓對方參與且有熱絡度。最後，奉勸大家，笑是最有力量的無聲語言，越多人笑，也就表示受到越多的支持，但是當沒有人笑的時候，也要自己幫自己加油！老話一句，先催眠自己，就可以催眠他人，如果連你自己都不相信自己可以裝瘋賣傻，結果當然是不如預期的囉！

【東明老師五分鐘錦囊】

如何快速抓到笑話講述秘訣呢？

第一步：在講述笑話的時候，絕對不要自己先笑，這樣會讓大家聽不到重點，而且講述的過程中，可以加強眉毛、嘴巴的表情。

第二步：挑選笑話的長短要重視，如果對於故事詮釋沒有把握，最好挑1～2分鐘即可表達完的篇章。

第三步：講述笑話的時候，可以把最好笑的那句話，擺在最後面，這樣才具有「聚焦性」

1-5

逢迎拍馬是對自己沒信心？

在與人群接觸時，大家常常會犯了一個說話上的盲點，常以為說好話，一直誇獎人，甜言蜜語就算是會「說話」，多數人沒有思考過，人與人交談過程中，過度吹捧人、讓人飄飄欲仙，也是一種說話者缺乏信心的表徵。

我喜歡逛街，尤其喜歡逛服飾業，因服飾業是面對群眾的第一線業務單位，有時候在逛街的時候，與店員的短暫接觸，可從輕鬆交談中，察覺一些說話慣有的習性，例如：一個厲害的店員，要怎樣不吹捧，就可以打動顧客的心思呢？是不是一定要說很多好話，客人才願意買單呢？

有一回，我買衣服的時候，遇見了一位銷售人員，當我挑了大紅色的皮外套時，他對我說：「王老師！你超有明星臉的，好像港星×××歐！」聽完他的稱讚，我禮貌性點頭微笑，但是心裡其實很不悅，因為我一點都不喜歡對方提起的那位明星，甚至覺得這樣的稱讚，很虛偽，後來這位銷售人員，並沒有發現我的臉色怪怪的，持續談論著明星與我相似度有多高，卻沒有花心思在幫我配搭上，後來，我約略又逛了五分鐘，就離開這家店面了。

有人問，我買了沒？答案是，沒有。大家是不是跟我一樣，在逛街的時候遇過這樣的狀況呢？請問你們對於這樣的銷售技巧，有什麼想法呢？在說話課講堂上，我也遇過這樣的學生，他跟我說：「老師，你說的說話技巧我都知道，我嘴很甜！很會誇獎人。」此時，我絕對會吐槽他：「你嘴很甜，那為何你業績不好？」

事實上，對不少銷售人員來說，說好聽話只是拉近人際關係的一種淺規則而已，就像一件高級的珠寶首飾，一定需要一個漂亮的絨布盒子裝，才能吸引人有打開包裝的欲望，但是，如果外在的盒子過度華美，可能裡面裝的是199元的爛飾品，這樣的說話術，並不能為自己的銷售模式加分，反而顯得銷售人員過度吹捧自己的商品，讓消費者產生有可能會「被騙」的警覺心！

每個人心中都有警報機制

我想問問大家，你覺得每個人都喜歡聽好聽話嗎？好聽話會讓人飄飄欲仙，但是常常聽、聽久了，又會產生什麼樣的質疑呢？說話的內容豐富，是銷售人員必需具有的條件，但說話者本身，可以透過什麼樣的方式，強化自己給人的自信呢？

有一回，我去一個企業做內訓，是一批新進的銷售人員，平均年紀約24～28歲左右，在互動的過程中，我約略了解此次訓練人員過去必沒有實際的銷售經驗，多為行政轉職、初入社會的人居多。

在上課之前，HR人員特別跟我溝通，想要培養有自信的銷售技巧，所以我採用個別演練的方式，還很嚴格地規定，只能用一分鐘介紹商品，結果幾乎每位同仁一上台，都是說明「商品優勢」，在聽了20個成員後，我問台下的同仁們，「你們聽完，真的覺得商品很好用嗎？大家來統計一下。」結果，在舉手投票表決下，有11個人覺得不知道，有5個人覺得很好用，有4個人覺得不好用，為什麼會產生這樣的結果呢？每個人都講東西好，不等於這東西真的好。

因為人性對於過度包裝的好處，會產生質疑。

在學習說話的過程中，我們會遇到形形色色的人，但是不論我們遇上什麼樣的人，都不能忽略了這些人都有個共同特色——人性，人性本多疑，台語俗諺說得好：「有一好，就沒有兩好。」在分享、談論商品的時候，不可能樣樣都好，總會有商品優勢，也會有商品劣勢，如果只是喜歡一昧的吹捧優勢、好處，不敢把缺點講出來，久了，聽者心裡的警報機制也會啟動，一但客戶有防心，過度吹捧的銷售，自然沒有打動人心的效果。

把話反著說，老實贏人心

回到上一段的例子，如果是我來介紹這項商品，我會怎麼傳達呢？首先，我會通盤了解商品的優勢、劣勢、價位、適合對象等，當這些基礎工作做足了，才來選擇想要介紹的說話方式；比方說：一位常常使用類似商品的客戶，當他詢問我商品的時候，我就會把話反著說：「這商品沒有那麼適合你。」「這商品沒有那麼好。」

學員聽完大吃一驚，連忙問我：「為什麼要說反話？這樣客戶不會生氣嗎？」我笑笑地接著說：「那你們是不是覺得我很老實，想要問問為什麼呢？」台下大家點頭如搗蒜，沒錯！當我們夠了解商品的時候，我們說話的選擇就多了，當對方問：「為什麼不適合我？」的時候，我們已經成功引起對方興趣，不是嗎？吸引對方注意力，才逐步詢問，他對哪一個特點，特別有興趣，慢慢了解對方需求，挑到對方適合才誇獎，才是真正的誇獎！

然而，大家進一步來了解，為何部分資深業務，為何無法在業績上有所突破，也就是卡在這個點上！如同我一開始所討論的關鍵點，「如果你嘴巴那麼甜，為什麼業績永遠都無法突破？」因為客戶在你說話之前，就已經預測了你的說話方式，那麼，請問又怎麼會把你的話聽進去呢？利用「說反話」的技巧，讓對方的思維跟自己的產生衝擊，也可以增加說話的趣味感，讓你的專業引領客戶「換個角度想」，這才是有自信的表達，也才能讓你的業績有突破的空間。

在學會「說話表達」的過程中，我總不忘提醒學員們：「嘴甜很重要，但是你的甜不是真的甜，是代糖甜！」誠意十足的嘴甜，會懂得站在對方的立場，切換不同角度，讓對方感受到實在、中肯讚美，真心就會自然回甘，選擇適切的表達方式，才能深入人心。

【東明老師五分鐘錦囊】

建議：對於一個銷售人員來說，除了要了解自家商品，不見得要馬上說好話，可利用肢體語言決定說話時間，比方說：可以從改變自己給客戶的感覺開始，談話時要耐心聆聽，不要東張西望，最好可以自然地肩並肩站在一起，讓兩人的親密感拉近，看看對方的態度，再決定要不要誇獎對方。

目的：在兩人初次見面時，可藉由靠近對方的距離遠近，做為兩人關係的初步判斷，如果講話越來越投機，就可以越來越靠近，以測試對方對你的防衛程度。

1-6

一句話毀了一場約會？

在追求另一半的過程中，好不容易來個型男大改造，對外在加分，還打點了約會行程，所有小細節，但不論如何周全，能夠在相處的時候說對話，絕對是開始下一次約會的契機，也是導入好關係的關鍵點。

在我公司諸多的課程中，有一堂非常有趣的課程——型男大改造。為什麼會有這個課程的產生呢？這也是來自年輕時心酸的心路歷程，在高中的時期的我，並不懂得打扮，常常帶著厚重的大眼鏡，總是一副老實樣，只敢遠遠暗戀著心愛的對象，不知道如何吸引她們注意，就這樣度過了慘淡的青春歲月，直到年紀漸長，幾位前輩指點，學會了自信說話，開始改變了個人穿著，挑選適合風格服裝路線，才開始獲得好人緣。談起這段往事，怎麼眼角有點酸酸的。

也就是基於這樣的原因，加上電影《全民情聖》Hitch 威爾史密斯所飾演的愛情專家，兩相對照之下，我赫然發現，電影裡的教練人生，不就是我嗎？我應該要將個人從自信說話術中獲得的轉變，身體力行地分享給大家，於是乎，大家現在看到的，就是改造型男的現代版威爾王老師！自從這堂課開啟後，造福了不少靦腆又內心熱情滿滿的男性們，也遇到不少有趣的案例。

有一位學員，是來自桃園，年約33歲的工程師，就像每位認真的學生一樣，在國中時期大家都在談戀愛的時候，媽媽有交代，要認真讀書，到了20多歲出社會，老闆有交代，要認真衝刺事業，才能交往到好的對象，到了快30歲，父母急了，大家都在催婚，才赫然發現，自己根本沒有什麼戀愛的經驗值，這可怎麼辦呢？於是乎，他跑來參加我們的型男改造課程，換掉單一的格子衫加上牛仔褲，藉著身高174公分的優勢，在我們團隊巧手地打造下，搖身一變成了運動型男，發揮他陽光外型特色，讓他後來也順利地在辦公室增加不少異性緣！

換湯不換藥，難得美人心

在與女生交往的過程中，這位工程師同學，又遇上了新問題，老是說錯話！究竟，他是說錯了什麼話？怎麼會讓我們費盡心思規劃的一切，都前功盡棄呢？

原來，事情的經過是這樣的，這位工程師同學與女生第一次出遊，點餐時，因為女生什麼都想要嘗試，於是乎點了很多份不同的蛋糕，這位工程師同學自己平時並無吃甜食的習慣，也覺得吃不完可惜，於是很直地跟女生說：「你怎麼那麼會吃？」對方女生當下除了覺得被嫌棄，也暗暗地這男生也未免太小氣了吧！心裡變得不是滋味，回家後便傳了簡訊跟工程師說：「我想我們觀念不合，還是當朋友好了。」

後來，工程師心情低落，跟我訴說這樣的一段過程，雖然我也替他惋惜，但不禁陷入思考，為什麼工程師會有這樣反應呢？他這樣的反應錯了嗎？在說話表達之前，我們都必須了解「只要是正向的溝通方式，沒有對錯。」在這個工程師的性格以及工作環境中，本身就沒有修飾說話方式的經驗，所以儘管他外表改變了，說話的方式我行我素，在此，也提醒所有想要改變的學生，所有說話的練習，都是「歷程」，既然有心想要改變，除了改變外在，也要開始練習調整自己的說話方式，才能獲得美人心！

學會自我解嘲，勤練說話基本功

我常說：「一個再會表達的人，只要在壓力的情況下，總是會擔心出錯！尤其是在重視的人面前。」所以，對於剛開始接觸說話表達的學員，我會建議，除了平常透過練習，累積對於不同場面、不同對象的應對，提升自己的自信度外，最保險的方式，就是學會自我解嘲，因為只要是犧牲的是自己，就不會傷害到別人，還能化解尷尬！

就像上述的例子，當女孩子點了很多甜點的時候，男生如果想要提問，不妨在這個時候，換個方式說：「我媽都說我是粗魯男人，對於甜食不懂欣賞，你可以告訴我，為何你可以品嚐這麼多甜點的差別嗎？」先用「粗魯男人」來自己虧自己，讓自己當主導者後才發問，往往在約會時，會有意想不到的效果，因為約會多是兩人對話，不是虧自己，就是問對方，所以兩者取其輕，還是先虧虧自己，才能創造更多話題，大家說是不是呀？

這樣的狀況，不僅僅情人約會時候會發生，在商務會議時，也常出現。在談業務時，不少的業務「高手」，常常會犯了很基礎的錯誤，就是在談到敵對手時，用數落對方的方式，來強調自己的優勢，就算一開始的時候，對方對貴公司的商品印象很好，也很容易因為你的表達不當，而喪失了好感，所以面對狀況不明的約會時，還是可換句話說，「我是不清楚別家的玻璃好不好，不過我家的玻璃超耐用，有時我老婆外出沒砧板都拿來切菜用，夠誇張吧！呵呵。」

總而言之，說話表達有很多不同的場合跟對象需要考慮，當然也要思考為何面對這個對象，我需要轉個彎說話，不是一定要展現說話技巧，但懂得避開說話時會踩到的地雷，也是不善表達的人，需要勤勞練習的基本功。

【東明老師五分鐘錦囊】

建議：對於不善表達情意，或是在重要場合、面對壓力不懂得聊天的人，不妨先運用自我解嘲的方式，想一想，如何「虧」自己，比方說：沒有啦，我就是沒啥神經！我媽說，我神經比電纜線粗……等等，都是不錯的方式。

目的：與其讓別人來主導說話方式，不如先拿回說話的主導權，是一種犧牲小我取悅對方的手段。

1-7

見風轉舵，卻常常觸礁？

俗話說：「見人說人話，見鬼說鬼話。」不少人都以為懂得看場面，見風轉舵就會可以說話表達的領域上，順風順水，一帆風順，卻想不到也有一種人，因為過度會見風轉舵，一天到晚常觸礁；見風轉舵是一種方式，找到正確的狀況跟目的，才能明確的駛向終點。

上過我課程的同學都了解，想解決說話上的問題，「想清楚」永遠比「做什麼」重要。所以我總是會先針對說話的狀況提出問題，讓大家思考，因為找回自信的說話術，不僅僅著重在技巧面而已，而是遇上狀況時，如何可以馬上做出適當的應對，所以不斷地提問題，讓頭腦反芻，讓上課的學生，越來越清楚個人的狀況。

所以有一回我上課，我提了以下的問題，「什麼狀況需要見風轉舵？」

從事行政工作A同學說：「開會大家意見僵持不下的時候。」

從事業務工作B同學說：「想要成交客戶訂單，但是與客戶意見相左的時候。」

從事創意工作C同學說：「想要創造更多效益以及產值！」

家庭主婦的D太太說：「老公生氣不給家用的時候。」

針對不同的工作屬性，以上的同學都提供了很多非常好的答案。看大家熱烈反應，我又丟出了另一個問題：「見風轉舵有那些方式？」

同學又開始七嘴八舌地說道：「改變話題！」「順著對方的意見。」「傻笑！」

以上的答案都是方式，既然大家都明白，那麼為什麼還是有人常常見風轉舵會觸礁呢？明明是大家都知道的方式，為什麼總是事與願違呢？究竟如何才能不觸礁呢？一連串的問題，不用去追求答案的標準性，只要知道，多聽聽各方的意見，都是我們在學習說話術時的最佳養分。

說話投緣更「投機」

在多年培訓主持人的過程中，在學員裡常會遇到兩人搭檔的主持方式，兩人如何產生良好的互動，在訪問的過程中，當然就需要見人說人話的工夫，這可是門學問！

有一回，我主持一個婚禮，女方的爸爸非常喜歡聊天，熱情的爸爸總是會有拿著麥克風不放的狀況，談起女兒過去30年來的生活經驗，總是「落落長」，很容易讓場子冷場，此時一個懂得見風轉舵的主持人，該怎麼說呢？

一位新手主持人居然犯了以下的大忌，耐不住性子，硬是要插話。「爸爸說得真好，我們也覺得很棒，那就先謝謝你了，我們讓雙方舉杯。」中途打斷的方式，雖然可以讓節目順利進行，但是雙方主婚人，心態上會感到些許不舒服，也會讓台上台下溫馨氣氛當場冷掉，全部的人都很錯愕，好像台上的主持人在趕場，讓賓主無法盡興。

如果有經驗的主持人，多數會用另一種見風轉舵的處理方式。最好用的，絕對是詢問的方式，「爸爸你很感動吼？女兒也很感動吼？我也好感動捏！台下大家眼淚都快要掉下來了，讓大家平復一下心情，先來舉杯一下吧！」藉由這樣提問的方式，反而可以轉移台上台下的注意力，讓用愉悅地心情配合著主持人的速度。

故事中的新手主持人提醒了我們兩點：想要化解場面，見風轉舵卻觸礁的人，多半會犯了「過急」跟「目的性過重」毛病，大家常常跟主持人一樣，心裡忙著趕時間、趕流程的時候，當然沒有時間感受當下的氛圍，當然也就錯過了「見風轉舵」最重要的一點：時機，懂得抓準說話機會的人，才能順利把場子的方向轉向心裡所嚮往的結局。

巧妙接話才能順理成章

在文章一開始的時候，我們不斷地討論，什麼狀況需要見風轉舵以及見風轉舵的方式有哪些。而現在我又要發問了！當以上的狀況都出現的時候，我們可以馬上把方式做最適切的運用嗎？答案是肯定的、絕對沒有辦法，因為人天生的反應跟不上狀況的發生，所以腦袋會產生直覺反射性的反應。

舉例來說，當兩位陌生男女，第一次約會時，女生想要開啟話匣子，主動問道：「你平常是不是很少看書」「是！」「你是不是一個上班族？」「是！」「你是不是認為上班很累？」「是！」男生在接連回答了好幾個問題後，回答問題的速度跟不上反應的速度，不僅顯得場面冷清，也讓人對於下一個提問興致缺缺，然而這樣的方式並沒有辦法改變現場的氛圍。

具體來說，想要改變氛圍，最好的方式，就是學會巧妙的接話。一樣的狀況，如果換成是我的話，當對方問我，「你平常是不是很少看書？」我會回答：「不太常看，但是最近有什麼好書可以推薦的嗎？」想要見風轉舵能成功，要學會的第一件事情，就是不斷使用其他名詞或是形容詞取代「是」，在轉換、溝通的過程中，嘗試透過提問法讓話題做延伸，「我平常很少看書，不過聽說喜歡看書的人心思都很細密，很多A型或是B型的人都喜歡看書？你是什麼血型？」藉由不同的問法，就把話題轉到了另一個話題上，慢慢地扯遠了，聊開了，也達成了約會愉快的效果。

總而言之，不論是工作上、對談上，見風轉舵的「舵」要使得好！除了董哲見風轉舵，更要有目標的「掌舵」，未來的前景掌握在自己手上。而過程中，首要先搞清楚自己航行在什麼樣的海面上，目前是幾級陣風，看看天空有什麼可以指引的星辰，觀察自己有利的狀況跟真正想要前往的目標，而不是只看著地圖，照著原有航線不懂得微調與變通，這樣當然會觸礁，大家說是嗎？

【東明老師五分鐘錦囊】

建議：

首先：不懂感受氛圍的人，需先改變點頭稱是的呆板習慣，順著問句問對方句中的關鍵字，用「是！」以外相關字來回答，同時要學習把話題做延伸，隨時修改自己想要問的方向。

第二：要聽完對方完整的陳述，不要打斷、扭曲他說話的原意，才能聽懂對方真正想要傳達的意見。

目的：訓練機智應答的反應，在不同的狀況下，都可以讓自己有緩衝空間，可以好好思考。

1-8 常常懷才不遇，被老闆嫌棄？

在職場上，為何升遷的機會總是輪不到我？同事之間明明有好康，可是為什麼我總是被跳過？把事作對不如把話說好，說該說的話，建立信任度，才能順勢而為。

在授課的過程中，我遇到不少的行政人員、企劃人員以及各行各業的專業人士，在薪資凍漲、景氣不佳的這幾年，不少人都想要在職場上保住飯碗、力求表現，所以更願意花錢投資自己，學習專業的說話技巧。

想要滿足這些學生們的需求，不免也要檢視問題的本身，「懷才不遇到底是誰的問題？是老闆沒有看見你？抑或是老闆已經看見你了，但是卻因為哪些特質，讓老闆遲遲不敢拔擢你？」在課程中，我不斷地請大家回想、思考這個問題。

當然，要在大庭廣眾下討論此問題，大家難免都會顧及面子，所以我先大略歸納出以下幾種結論：

第一種，平常在辦公室裡，喜歡當獨行俠，所以很少聽到聲音。

第二種，雖然在工作上表現不錯，但是老是說錯話，不得老闆喜愛。

第三種，工作表現佳，老闆也喜愛，但說話氣焰過高，功高震主。

除了以上三種，還有第四種、第五種、第六種，因為每個人的狀況與性格都不同，會產生的職場狀況，當然不能用系統性規納法，大家說是嗎？

但是，談論至此，大家有沒有發現以上的狀況都有個共通點，就是「說話者的心態」，在職場上，不論你嘗試要跟主管對談、還是提供建議，除了要有正確的表達方式外，也要先建立正確的心態，千萬不要犯了職場上的大忌：「想說就說。」

位高權重也有可能踩到「地雷」

在企業內訓的過程中，我常常遇到很多令人捏把冷汗的狀況，不過多數是員工跟主管之間開錯小玩笑，有一個令我印象深刻的是，在一場兩天一夜的企業內訓中，學員們正興高采烈地驗收成果，此時，我為了增加學員們的自信心，特別邀請該企業的老闆出來給予幾句勉勵的話，想不到，老闆講出來的話，卻讓人跌破眼鏡，你知道老闆說了什麼話嗎？「各位同仁，這兩天來都辛苦了，你們呀！要懂得我的苦心，我們公司可是花了大筆的費用，希望你們大家未來在工作上，絕對要有優異的表現，你們懂嗎？」

請問如果你是台下的員工，你聽到老闆這一番勉勵的話語，你會有什麼樣的感想呢？受訓員工會感覺到心情愉悅嗎？當然不會，只會澆熄原本在學習過程中所重拾的熱情而已。這個個案想要傳達給大家的是，不論在任何的位階，只要在工作職場上，「想說就說」的說話心態，不論表達方式為何，都只會帶給人家不舒服的感受而已，並沒有辦法達到我們原先設定的方向跟目標。

倘若我們想要達到的目標是，讓老闆喜歡我進而讓我有升遷的機會，我們要怎麼做呢？古人有句話說：「知之為知之，不知為不知，是知也。」這句話運用在職場升遷上，可以解釋成，就知道的事情回答知道，而不知道的事情就回答不知道，不要加油添醋，只講「確定」「肯定」的事情，才能在職場上先為個人累積良好的印象分數！

用「肯定句」深耕信任，建立個人品牌

就職能測試來說，我們常把職場人員性格分成「積極、熱愛挑戰」的老虎、「分工合作及工作品質」的蜜蜂、「樂觀、愛分享」的海豚、「心思周延、面面俱到」的八爪魚、「有耐心、重組織性」企鵝等五種，你本身是哪一種呢？根據我的經驗，這五種性格的人，有些人擅長主動表達；而有些人則屬於沉默寡言，但是不管是主動、被動，都千萬要記得，絕對不要「想說就說」，最為保險的方式為，多運用肯定句，以建立討人喜歡的好印象。

在職場上表達，千萬不要過分炫耀自己。舉例來說，我常在課堂上遇到很多比我「資深」的業務員同學，當我問及他們工作的經歷時，他們往往可以講得口沫橫飛，談起商品，幾乎是能治百病的仙丹。身為一個好的行銷人員，這樣熱愛且推廣公司的商品，是相當好的一件事情，表示這些同學對於公司商品認同度極高，但是，如果在任何狀況下，都使用這樣的方式說話，反而有可能產生不必要的誤會，甚至引起別人的反感。

求好心態人人會有，但要如何表現得當呢？我建議大家不妨多用「肯定

句」，不論是讚美、回答，都需要用肯定的方式，以誠交友的方式？比方上面那個案例中，老闆在勉勵時可以說：「公司對於大家十分有信心，所以投注了大量的金錢全力支持，也辛苦大家有心撥時間來配合，一起共同成長。」在短短的言論中，老闆支付了金錢的事情是肯定，但在邊告知員工狀況的同時，也肯定了員工的付出與辛苦。

除了肯定別人，我也常常遇到有一種狀況，就是當別人肯定你的時候，不要任意否定別人的讚美。舉一個例子來說，我有一個工程師學生，對於自己的外表相當沒有自信，我觀察過幾回，每回當他外表打點好，同事說：「你的衣服很好看，一定很貴吧？」他就會忍不住急急回答說：「沒有啦，就是便宜貨。」或是當老闆稱讚他工作表現的時候，卻回答：「還好吧，不要開玩笑了！」

事實上，在肯定別人的同時，對方善意的回應，也會讓人感到拉近距離，如果只是一味想表現謙虛，反而會讓人有不好相處的錯覺，所以在肯定別人的時候，也不忘了要接受別人的肯定。這樣的說話方式，才能產生雙贏的局面，千萬不要只是「想說就說」，想提及個人優點以及輝煌事蹟，也要懂得點到為止，也才能在同事、主管心中，建立信任度以及良好的個人形象。

【東明老師五分鐘錦囊】

建議：首先，對於職場上說話的應對進退沒有把握時，先觀察對方以及團體的互動狀況，然後再決定哪些話是「肯定的」「正面的」「可以說的」「應該說的」「一定要說的」。第二步，避免「想說就說」的窘境，說完之後，觀察一下大家的眼神、臉色，如果表達的不好，可嘗試用輕鬆微笑帶過。

目的：藉由這樣的方式，適度調整說話心態，多活絡自己的說話時的思路，讓說肯定的話變成一種習慣，增加自己在職場上受重視的機率。

LESSON 2

自我改造第二部：成就感

要練說話神功，
必先努力用功！透過
說對話的次數，快速
累積成就感
2013.10

2-1

牙牙學語「說話」演進史

沒有人天生就很會說話，也沒有人是天生的談判家，語言學家針對初生嬰孩做研究後發現，孩子的語言能力，多受後天形塑，而不少很會談判的高手，在學生時代是老師眼中的「閉俗小孩」，所以，學表達隨時都可以開始。

在前面的第一章中，我們提到了不少有關於表達上的盲點以及困境，有沒有激盪出大家的新想法呢？在這個章節裡，我即將帶領大家進入一個更為明確的方向。在進入訓練課程前，我慣性在課堂上藉由提問，讓學生對於未來要進行的目標更為明確。所以，我會問學生：在說話的練習中，什麼讓你感到最害怕？

有些學生回答：說錯話。

也有一些學生則會回答：不敢說話。

更有些學生說：不知道對方想聽什麼話。

以上的回答，都是大家平時埋藏在心中的恐懼，藉由課堂上的互動，讓大家面對自己的恐懼，讓自己思考歸零。答案沒有對錯，因說話具有許多技巧層面的不同，比方說：表達、溝通、甚至於談判，每一種的技巧，都需要靠經驗跟環境裡累積，所以，在練習的過程中，累積「成就感」是最重要的！

為什麼呢？其實在授課的過程中，我真的真的遇過很多學生，雖然來上課，但是心底是不想要改變的！我詢問他們，為什麼每個人都想要成就更多事情、心裡有很多夢想，那麼為什麼不想要改變呢？學生回答我說：因為改變的過程充滿了挫折、未知跟不熟悉，讓人感到害怕，而這些都來自於，我們沒有從學習中得到互動跟鼓勵。

我們常說：「知己知彼，才能百戰百勝！」言語的一來一往中，遇到不同人，不同狀況都會有不同的反應方式，也不見得一定要論輸贏，我常常在課堂上與學生分享，最正確的學習態度，就是築夢踏實。

有人問我：「什麼是築夢踏實？」我特別喜愛跟孩子相處，他們就像是一張白紙，會經由不同的環境，讓他們重新學習新的方式，想要學習新的表達方式，就要了解，表達能力是可以重新學習的，跟孩子牙牙學語的過程相同，利用平實簡單的方式，重複演練，就能夠獲得整體性的大提升。

別太執著於慣用的表達習性

在《太極張三豐》一片中，張無忌求助於武術宗師，哪一門武功最為高強呢？張三豐說道：「忘掉所有招式，就成太極。」在學習表達之前，要練好的內功心法是，不論我表達好不好，只要是朝正確的方式做，都要給自己一個鼓勵；而且不論以前我是用什樣方式做表達，現在都要忘掉以前慣用的習性。有一回，我在訓練一群知名主持團隊，因為這些主持人在他們的領域上，都已經小有名氣，所以當他們來上課時，先入為主地提出了以下疑問。

「老師，這方式以前我有用過，但是我覺得主持起來效果不好，這真的有用嗎？」

「老師，你講得我都知道，但是現場狀況並不是這樣，一緊張就說不出來了！」

「老師，我覺得你講的很容易，但是實際上執行起來並沒有這麼簡單！」

是的，以上的答案沒有對錯，都是一般人對於未知的行為所產生的不安，想要練就真正的自信說話術，要先把自己當成小朋友，孩子學習各種語言都是最快的，因為他們從來都不會去質疑表達的形式，他們會用開放的心胸先「練習」，再下定論！

而且孩子還有一個很有趣的習性，就是可以從不同的小練習中，累積成就感。請大家問問自己，在我出社會後，我們都是為了目的性而學習，當目標沒有達成，會越來越有挫折感，但是，孩子則不會對自己設限，儘管有多次失敗，只要有一次實驗成功，他們就會不停地讚賞自己，在挫折中前進，成就自己面對不同表達磨練的動力。

利用「實際素材」讓目標視覺化

在孩子牙牙學語的過程中，我們常常會看到很多幼兒的輔助教具，而在我們學習語言表達的過程中，也有這些引導教具的存在，可以訓練自己說話的邏輯。

有位知名作家曾說過：「簡報是缺乏演講經驗者最好的小抄！」

在學習語言表達的過程中，我們要懂得借用實際素材，讓視覺目標化。我特別喜歡看舞台劇或是演唱會，大家有沒有發現在看演場會的時候，除了看到歌手的表演外，輔助工具也是相當重要的，良好的輔助工具，可以促進活動更加精采，有時也讓台下的觀眾，充分了解歌手所要傳達的情境，在學習語言表達的初期，我都會鼓勵學員，要善用簡報，將演講的內容組織成一個故事。

簡報是最好的視覺傳達工具，有些人甚至會視演講時間的長短，放入大量的圖片跟文字，但是我也常常遇到一種狀況，就是因為簡報太過枯燥，導致影響到表達的效果。舉一個例子來說，我曾經遇過一個企劃人員，因為長期以來，他在辦公室裏，都是利用簡報作表達，所以，簡報內容往往慣於使用條列式方式，他來上課的時候，十分苦惱地說：「老師，怎麼辦，怎麼樣才能讓我的表達能力提升，做簡報的時候，台下不要睡成一片呢？」我跟他說：「在簡報之前，我們要把自己當成說故事的人，這個故事要精彩，就要先鋪排過，要有互動的橋段，這樣下面的人，也才會融入故事之中！」這位同學後來回到辦公室演練了幾次，非常開心的寫信跟我說，他的表達方式不再死板板，簡報的編排也讓他平常說話方式變得比較有趣了，從中獲得很大的成就感。

俗話說：「萬事起頭難。」但是只有要興趣、有熱忱，從練習中獲得成就感，就會越來越想要投入其中，練習說話也是一樣的，當我們看到對方眼中閃耀的眼神，以及達到說話時的互動，漸漸就會建立起個人的說話風格，不論是談判、表達、主持、演講，都能夠隨時最好最完美的切換，「機會是給準備好的人。」

【東明老師五分鐘錦囊】

建議：在牙牙學語的階段，簡報是最快進入故事性互動的方式，要如何呈現呢？首先：設計簡報時，要先運用影片、故事讓大家產生共鳴。然後，利用「提問」的方式，讓台下產生互動，最後，才提出「答案」解決大家的疑惑。

目的：學習語言表達的過程上，除了要有歸零的心態外，也要懂得運用輔助工具提昇自己的成就感。

2-2

心事啥人知，不當人前悶葫蘆

在說話表達中，試圖解釋、減少贅詞、正確詮釋是非常重要的三個步驟，說話是一種行為，而在說話之前，我們必須先克服「心中的情緒」，才能更客觀！更點題。

在坊間有不少的說話技巧課程，牽扯到很多技巧面的練習，在我多年的實務經驗中，有一個很大的體悟：「燈不點不明，話不說開，心事誰人災！（台語）」既然我曾經遇過一個學員，他每一回的課程都會準時來上課，筆記以及練習狀況也都非常良好，但是，每回我問他，這項課程在你生活應用上，有沒有實際的幫助呢？他總是一臉茫然，搖搖頭說：「我也不知道耶！好像有吧！」我又接著問：「可不可以跟我分享一下，覺得平常有什麼樣的改變？或是運用成功的經驗呢？讓老師也快樂一下！」他又小小聲地說：「嗯……我也說不上來。」

大家是不是也有過這樣的經驗呢？只要是解說工作上的專業，就能夠滔滔不絕地說個沒完，若要請他自己分享個人的想法，以及與別人交流，就會變得不知如何詮釋，讓這些情緒，成為對外溝通上的小障礙，一個想要在說話表達上，有顯著進步的人，絕對是一個「樂於分享」的人。我常跟學生說，既然已經來參加了我的說話課程，就表示大家有心想要改變，除了要學會技巧，也要學會穿越自己的情緒！

曾經在課堂上問過大家：「在表達溝通的時候，什麼樣的情況，容易讓你心口不一呢？」

家庭主婦A回答：跟老公要錢的時候，講不出口。

學生B回答：想要表白的時候，怕被拒絕，所以想要討好對方。

業務C也回答：跟人家吵架、心情不爽的時候。

這些情況，我一個一個的寫在白板上，然後請大家一起評估看看，條列出來狀況中，有什麼樣的相同點？哪些部分又有改進空間呢？在以上的答案中，我們不難發現，語言表達深深被個人的情緒所控制，所以，如果我們不先維持客觀、中立的角度，就很容易「心口不一」，在心態上就被自己打敗，更不用談到，要如何包裝美化成就自信說話術了，大家說是不是呀？

放「開心」才能說出真相

想起一開始創辦益讀俱樂部的時候，自己也很緊張，因為很少參與主辦活動的經驗，也很害怕做不好，甚至不敢跟每個同學邀約，看到別人支支唔唔的推託，就以為是對方在拒絕我，心情常常掉到谷底，也因為這樣，越來越不敢開口邀約，就算我的動機是好的！活動是很棒的！也不敢將這樣好的意念傳達出去，後來我的前輩Robin老師鼓勵我，她說：「開心，才能讓好的訊息傳達出去，我們用正向的方式傳達出去，就是說出好話！」

在這樣的經驗傳承下，益讀俱樂部的活動也持續了多年，其中，讓我很驕傲的是，我持續邀約過不少非常頂尖的作家以及講師，透過種種練習，手上所承接的活動，也越來越多，這，就是自我戰勝情緒的結果，面對邀約挫折，穿越過害羞、拒絕、無奈等等情緒，導致真心地相信：「人生不就是要『玩』出火花！玩出樂趣！當你開始對於表達有了樂趣，才勇於去做、去說，才能心口合一。」

在追求成就感的過程中，我們學會「面對真相」，才能敢說敢做，能夠完整詮釋以達到說話真正的目的。然而，提醒大家一點，在試圖解釋進步到正確詮釋真相的過程，很多人都會忽略了一個小小的細節，就是想要讓別人聽你說話不緊張，且感到舒服，就要學會減少贅詞。

戒緊張，從語言中的「無謂贅詞」開始

有一個學生，可能是處女座加上A型的關係吧！（我猜），最討厭別人糾正他的小細節，有時候在旁人看來無害的小細節修正，他的反應就比一般人大上很多，大致上舞台的表現都已經有了一定規模後，我開始雕琢他的小細節，卻赫然發現，明明很好的表現卻更不如預期，研究後發現，學生太害怕被糾正，把心思放在小處，平時的「嗯」「啊」「好吧」「對」「然後」等贅詞，就會增加成原本的四倍之多，就更無法順利完成。

當然，這位學生不是單一的個案，我後期在其他學生的訓練中，也發現到不論在任何年齡層、性別、工作別、身分，都會有這樣的問題。贅詞多給聽眾

的印象是負面的，想提升自己的狀態，先從戒掉語言中無謂的贅詞，每句話都給與「肯定」以及「清晰」，寧可慢慢闡述，也不要用語助詞帶過，每一句話在說出去之前，力求表達清楚，透過這樣的練習，除了說的功力提升，也會給人穩重跟可信賴的信心。

至於，這裡也要提醒大家，什麼贅詞與贅字是有差別性的，有時候一個兩個字，並不會影響一整個句子的氛圍；但是贅詞過多，比如說：然後、我想、可能或者是在句尾多了「吧」「了」等詞彙，就會變成不肯定的語氣。想當然爾，每個人說話多多少少都會帶有「情緒」，連我自己偶爾遇到現場狀況，我也會忍不住想要飆上幾句，不過呢，透過這樣的練習，絕對可以先讓自己順順心、順順氣，再選擇自己想要表達的語言，說話其實沒有那麼複雜，只要不要害怕小細節，先克服自己的心情就好了！

【東明老師五分鐘錦囊】

建議：先寫出自己準備表達之前，最在意的狀態。

比方說：如果是要邀約客戶，打了這通電話，會擔心哪些話說錯，先寫在紙上，然後練習多講幾遍，反覆聽聽看，講的時候，是流暢的嗎？

然後，嘗試跟朋友對話（或是自己錄下來），聽聽看在說這些語句的時候，自己是不是還是會在緊張的時候，穿插語助詞？每一次贅詞的出現次數，有沒有減少？

目的：越是擔心越會出錯，先把預期情境畫面在心中模擬一遍，讓自己覺得滿意、流暢，被質疑或是緊張時，也不會想用「嗯」「啊」「好吧」，或者會支支唔唔逃避，講不出話來，要力求表達清楚。

2-3

說對話的次數比字數重要

除了自我對話外，想要與人「對話」，就要學會聆聽，唯有先聽懂、聽清楚對方說話前後語意，才能提高真正的對話，單方面的闡述，不論字數多寡，內容多精采絕倫，也只能達到娛樂自己的效果而已。

請問大家如何來看待「溝通」跟「表達」這件事情呢？「溝通」與「表達」大家認為溝通是什麼？這兩者的差異性，很多人分不清楚，就像是古時候的白馬非馬一樣，白馬雖然是馬的一種，但又被歸類成白色的馬，不是一般的馬匹。

相對的，如果要照字面上解釋，我們也可以說：廣泛來說，溝通是表達力的一種，但因為對象的不同，而有可能產生不同的效果。

不過，這樣聽起來還是太複雜了，把複雜的事情變簡單，一向是我工作上的原則跟目標，所以，簡單來說，我請大家幻想一下畫面，當對方提到溝通兩字，你腦海中會浮現什麼樣的圖像？學生很直覺地回答道：「會想到兩個人面對面，有交流跟對談。」那麼談到表達的時候，大家的腦海中又會浮現什麼樣的畫面呢？另一學生很熱烈地回答：「一個人在台上唱作俱佳地、比手畫腳的呈現某一個故事。」

這不就證明了透過畫面的想像，反而讓我們對於文字有更強大的理解力，大家說是嗎？所以在傳達、溝通的時候，也提醒大家，不要忘了多添加畫面的運用。好吧！我們回到正題，既然大家平時講話的目的是想要對方理解，那麼不論是兩個人面對面，或是一個人在台上唱作俱佳，都是有「聽眾」存在的，對嗎？

我問大家：「如果沒有聽眾，不在乎聽眾的感受，那溝通表達還有意義嗎？」

台下大家的反應，都很一致，很聽話地搖搖頭：沒有意義。

既然所有人都認同，但為什麼有些人老是喜歡自說自話呢？當「聽眾」沒有反應，或是說者不懂聽話（對象）心裡想法的時候，對方會給你什麼樣的反應？

A同學說：大部份會臭臉吧！

B同學說：發呆、玩手機

C同學說：一樣很認真聽，但是，眼睛視線發直，應該是神遊去了。

如果自己是主要講者，遇到這樣的狀況，要如何處理嗎？所以，不論你想要嘗試哪一種對話，都需要先引導對方說話，然後聆聽，才能有效率的回話。一場談話下來，說對話的次數，絕對比想要說什麼，以及說了多少字數重要多了！

看清楚對方的表情再說話

在主辦活動、主持演講的過程當中，每天都會遇到形形色色的人們，當然，在活動會場，跟大家一樣，與現場所有的與會來賓都是第一次見面，不了解對方的背景，加上我往往都是主持人，根本沒有辦法，其他像與會人員一般，可透過主辦單位事前蒐集的資料、或是交換名片，了解對方的工作與職稱，來創造聊天的話題，在這樣的狀況下，我要如何馬上了解對方，達到有效的溝通表達呢？

假設現在在課堂上，請大家閉上眼睛，同時也幻想一下這樣的場景，面對活動進行的同時，腦子裡還要不斷地思考與「初次見面的人」互動，對話，甚至可以進入深談，這段關係的建立，短短十多秒的時間，大家會說些什麼呢？

有同學分享道：「老師，我會選擇先自我介紹！告訴他我是誰，我的工作。」

另有同學說：「如果我是主持人，我會先把他的名字跟工作職稱記下來，以方便之後的活動進行！」

以上的答案都非常好，可是會有一個大問題，大家有沒有推算過，一場活動裡會遇見多少陌生的與會來賓，而自己又有多少時間可以跟他們每個人做互動呢？也許是十秒、也許是只有一面之緣，有時候根本來不及，把自己準備好的東西說完整，反而顯得急急忙忙，慌慌張張。所以與其先想好要跟對方說些什麼，不如把握住大方向：觀察對方的表情，每一次都把話說對。

剛剛在一開始的時候，我跟大家分享了，「溝通」跟「表達」都是為了滿足聽眾互動而存在的，所以，隨時在對話的過程中，也要適時地對對方點頭、微笑，先自我介紹，回應時，如果沒有時間寒喧閒聊，可以用「很棒！」「我認同！」等等正面而肯定的語言，先獲得對方回應，我自己的口頭禪是：「先求有，再求好。」只要建立了第一次的互動，優質的溝通模式就會建立起來了。

把話說對七次，贏得一門好生意

日本心理學大師內藤誼人曾經說過：「暗示不是直接訴求，而是間接誘導對方的一種溝通方法。」我們為什麼要學習溝通對話技巧呢？最終的目的，都是希望可以提升我們職場上、業務上的能力，所以，想要驅使暗示別人做事情，也要先把話說對了，漸漸地累積兩者間互動，才能順利地把「訴求」加入對話當中，大家說是嗎？

在我輔導眾多的企業團體中，我發現特別需要把話說對的行業，應該就屬保險、銷售業者為多。有一回，有個壽險公司的人資部門，邀請我去上說話表達課程，當天來上課的人員，是來自於全台各地的中階主管，當課程還沒有開始的時候，就有不少人主動與我交換名片，嘗試觀察過這些主管，多數人並不是一直在報告自己的金融商品，而是在我們眼神交會的同時，就會聊到一些理財規劃的訊息，當我們越常眼神交會，彼此之間的好奇心就越來越重，這時候我該說些什麼？讓自己在未來推廣業務上可以更順利呢？

跟大家分享我個人自我行銷的經驗，首先，我會先聽對方說話，聽聽看他說什麼，然後給予認同的表情，開始告訴他我是「王東明」，工作性質是講師以及婚禮企畫專業教練（第一次暗示），然後在上課途中，我會再提到一次，與「王東明」這個講師相關的資訊，比方說我有在哪裡上課（第二次暗示），每隔一個段落的時間，我會很大方的與大家分享，學生的感受以及上課的方式（第三次暗示），大概舉了三次學生的案例，最後，在結束的時候，總是帶上點自我風格，不免俗地開個無傷大雅的小玩笑：「王老師很貴，大家願不願意買單呢？」

根據心理學家統計，大多數的人如果互動的過程中頻頻點頭，超過七次，就會對於對話的內容以及商品產生認同感，也就是說，想要達到有效的銷售溝通，其實不難，只要看著對方的眼睛，分享且傳達好的意念，點頭七次就成交囉，想到說話術，怎麼能忘了「王東明」這個品牌呢？大家說是不是呀？

【東明老師五分鐘錦囊】

建議：除了把話說對了，觀察對方肯定的表情外，不妨在言語中，多利用跟使用一些疑問句，譬如說：「大家覺得是不是呀？」「有沒有很棒呢？」「下次要不要再來呀？」暗示引導大家點頭，以示肯定，強化溝通中催眠的效果。

目的：無時無刻利用有限的時間，做好有效的行銷，減少負面印象的產生，強化正面印象的能力。

2-4

想要學會神功，必先學會「進攻」！

想要有所得，就要有所捨，就像東方不敗的葵花寶典一樣，想要學表達，更懂得把個人的意見藏起來，學會利用聽跟問的方式進攻，帶著空杯的心態，才能承載、內化更多思想。

有一回學生跟我說，由於在台灣的社會環境下成長，培養出逆來順受的個性。小時候上課時總覺得老師說什麼都是對的，所以也很少在課堂上詢問老師問題，甚至課後私下找老師問問題也需極大勇氣。透過說話獲得好人緣的課了解學會「問」與「聽」，比「說」還重要，事實證明，若要成為一個厲害的人，就是要學會「問」與「聽」，兩者就是進攻的首要秘訣！

請問大家一個問題，當大家進入與不同行的朋友接觸，或是遇到一個不熟悉的領域時，要怎麼展現自己的語言表達能力呢？因為行業別不同，分門別類的訊息相當多，譬如一個3C產業，就有分電腦硬體跟電子系統，兩者在聊天的時候，如果各說各話，這樣還聊得起來嗎？或者是，一樣是服務業，做餐飲業的人一直講述餐廳內碰到的客戶笑話，那美髮業的人會聽得懂笑點在哪裡嗎？所以，學會聊天技巧，不是如何講述自己的想法，而是要「優先」懂得問問題跟聽答案。

舉一個例子來說，我常常主持婚禮活動，當第一次遇到雙方家長的時候，我絕對不會一直講述過往主持活動的例子，而是會先問問雙方：「大家對於這場婚禮有什麼樣的需求？有沒有特別的想法？」當對方開始開口表達討論時，拿出筆來認真記錄，然後再次針對剛剛的說法中，再次追問：「X爸爸，剛剛提到音樂，要用台語的是嗎？那如果穿插點英文歌，你覺得呢？」如果對方很配合地說出自己的需求，當然非常好！但是，如果對方總是含糊帶過呢？我們又要如何應對呢？

展現問問題的技巧，一字在於「纏」

「我很會問問題！」偶爾在課堂上，我會跟學生這樣分享，不論身為活動主持人、講師、企劃專案，扮演各式各樣角色中，都能夠勝任的大絕招，就是利用問問題，展現「以退為進」的說話功力。很多人都以為能夠說服對方，即可稱為溝通技巧，事實上，從問問題中，了解對方的想法、做出抉擇跟參考，才是化溝通為無形的最上乘功力。

究竟什麼是「纏」呢？透過個人進一步的解釋就是，就是「使命必達」的精神。我們在上一段的案例中，有提到好的開始就是成功的一半，如果在雙方溝通時，問對問題，可以透過回應的答案，了解對方對事件的看法跟需求，甚至從對方講話的快慢、速度、語氣，判斷個性等等小細節，大家可能會擔心，這樣的評估需要多久的時間呢，萬一時間不夠問問題怎麼辦？事實上，只要常常練習，從見面到問問題了解一個人的需求，不會超過五分鐘的時間。所以，懂得察言觀色，問對問題真的很重要！

懂得進攻的首要心法後，接下來要討論的是，萬一遇上的對象，總是含糊帶過：「隨便你怎麼想，你認為如何就是如何囉！」「都好，我沒有特別的想法。」「也可以，大家開心就好。」此時，大家千萬不要覺得很開心，很有可能這些人在活動進行中，或是交談過程裡，心裡有諸多的意見跟不滿，所以最好的解決方式就是，不要放棄追問，多運用糾糾「纏」的功夫，多問問他：「我真的非常誠心誠意想要了解您的想法，您剛剛講的，可不可以說具體一點呢？拜託！」

讓對方卸下心防，說出更多具體的需求後，給予正面的認同：「是的，我了解了！我也非常贊成！那我可否也給小建議呢？」如果對方不排斥，趁機表達意見，拉近雙方的距離，可讓溝通更為流暢。

帶聽眾進入自己的領域

透過兩個進攻的小訣竅，大家對於如何打開溝通的大門，了解對方（客戶）的需求，是不是有了初步概念了呢？因為此章節裡，所談到的是「進攻」的技巧，除了懂得問、懂得聽，在身體動作上，也要懂得拉近彼此間的距離，以達到先發制人的效果。

請問大家，當我們問問題的時候，聽別人說話的時候，要間隔多少距離才會讓人感受到存在感，又不造成壓迫呢？大家都有吃過喜酒的經驗吧？當我們坐著的時候，如果想要跟對方聊天，但是中間隔了三個人，是不是雙方都會聽得很吃力呢？換成兩人肩並肩，竊竊私語，是不是感覺上比較有「私密空間感」呢？所以當我們想要與人溝通時，可以嘗試先挪動身體的距離，將對方進入自己的領域（約雙臂展開畫圓弧的空間），會讓對方不自覺就被你吸引歐！

最後，神功的口訣在於：以動帶靜，不論是言語或是肢體，表達者都應該以對方的需求為優先，引領對方講述心中真正的想法，全盤了解後，大家才會知道如何才能達到有效溝通，省下爭辯不休的時間，也避免造成「各說各話」的誤會！

【東明老師五分鐘錦囊】

建議：不知道如何才能問對問題嗎？在問之前，不妨先把對方說過的話，用筆記記下來，然後，在對方全部講完後，重複一次講述內文，將個人覺得疑惑的點，做再次確認。確認後，再提出個人想到的疑點，提出發問或是建議。

目的：做到有效溝通，減少猜疑的時間跟爭辯不休、各說各話的狀況發生。

2-5

先說出自信，才會感到自在

多數人都同意，說話溝通表達是一種生活經驗的累積，但是卻忽略了這種累積也是循序漸進的，藉由「了」、「到」、「完」、「好」四個階段，成就自在的能量。

不論哪一個行業、哪一種表達方式，每個人都會對自己有一定的期許，但如果盲目的憑感覺走，就像在大海裡航行，容易失去方向，如果可以有羅盤跟識途的船長，更能引領大家前往正確的方向。然而，什麼是從「自信」到「自在」的指針呢？我將個人多場活動經驗，列出一套分階的標準，我們稱之為用心法則，不論做事或是學習，都有「了」、「到」、「完」、「好」四個階段。

在幫某知名婚禮顧問企業內訓時，我曾經提過，「做」雖然是個動詞，但是卻有四個階段性，從做「了」、做「到」、做「完」、做「好」。請學生們先自行想像：哪一個動詞是自己對自己的期許？自己期許自己是個什麼樣的人？什麼樣的主持人？什麼樣的婚禮顧問呢？

在課後心得分享中，學生談到：「我是一個喜歡預習準備的人。但這一連串的提問，還是讓我有些措手不及。因為認真來說，我其實並沒有認真去思考過，這一個一個的問題。」是的，多數人跟這位學生的想法都是一樣的，所以，當大家都有做了、也做到了標準，甚至每次都有做完整，卻永遠都不會達到「自信跟自在」的層次。

任何說話技巧都可以透過演練而變得純熟，就像上面學生心得分享的內文一樣，幾年下來，雖然已經知道「婚禮顧問」要做些什麼事情，要跑些什麼樣的流程，每一回都把事情做完，但是，快樂嗎？結束活動後，會有充滿喜悅跟獲得成功的滿足感嗎？唯有把事情完完全全地做好，這樣的演練，才會具有能量！

每個人都有習氣，修正就對了

大家都以為有做了就好，除了做「了」到做「好」，還有更慘的是，做「壞」了，常常把不自覺把事情做「壞」了，要如何補救呢？也因為這樣，在課程中，我們需要把「做」分為這樣的階段性，讓大家可以了解正確做事情的方式。

至於，為什麼要如何導正大家觀念呢？先透過學生的心得來跟大家做個分享。舉例來說，上述的學生談到他措手不及，為什麼會措手不及，他在後面的心得中，我們得到了答案：「我是一個運氣很好、小聰明很多、卻沒那麼努力的人。或許加上努力，我可以事事做到，但我卻習慣只付出五六成來達到大家眼中的『做完』。」我十分欣賞這位坦白的學生，這些話莫不是每個人長年來在工作上的習氣。

古人說：「積習難改」，在求學過程中、家庭環境裡所帶出來的做事習慣，都會影響到未來工作上，或許，在家裡爸媽並沒有要求事事都要做好，只要做到，久了，大家就覺得工作上也只要做到六十分就好了；出了社會，還是新鮮人的時候，主管沒有給予優質的訓練，所以，大家也覺得只要有交差就好了，然而，一不小心這樣的習氣，卻形成了我們成長無形的絆腳石。

想要尋找更好的舞台，態度決定了一切，而思想也決定了口袋。每個人都會有難以發現的習氣，透過階段性目標的規劃，加上專業人士在旁的微調整，更能看清在表達上的優缺點，就算還有不足，也沒有關係！透過自我對話，加上客觀的調整就能前往正確的方向，慢慢調整，就會越來越好！

「我好緊張」轉換成「我好興奮！」

大家覺得自己是個具有正面能量的人嗎？如果現在還不是，那就要馬上變成這樣的人，身為主持人、演說者甚至表演者，每一次拿起麥克風，都希望事事順利進行。每個人都會面臨緊張、腎上腺素激增，當面對新挑戰的時候，總是會緊張、疑慮，想要建立穩定的「台風」就要懂得時時提醒自己：善用「轉換」的能力。

一個沒有受過專業舞台訓練的人，在緊張的時候，大部分會怎麼說呢？會說「我好緊張！」緊張，其實就是腎上腺素的增加，通常會很直覺反應，那麼何不換個一樣是腎上腺素增加的說法：「我好興奮喔！」雖然字面上看來只是名詞的替換，卻讓說的人、聽的人，都有不一樣的感覺！身為專業的說話工作者，除了會說話，更應懂得隨時在腦中汰換「最好的詞彙」達到自我要求，能夠在做完之後，更上一層樓，越來越接近「專業」跟「完美」的境界。

某企業董座曾經說過：「魔鬼都在細節裡」。一句話、一個詞彙、一個語氣，都能語言工作者大大提升。在我授課的學生中，多是各行各業的資深工作者，倘若小細節能夠多多注意，就可以從資深變成優勢！一詞之差，往往就改變了聽眾的認同感跟感受度。

【東明老師五分鐘錦囊】

建議：身為一個產業從業人員，請大家先思考一下，在目前的工作職掌上，處於做「了」、做「到」、做「完」、做「好」哪一個階段？位於這個階段，尚有哪些不足，為何長期不能突破，如何才能補強？

目的：想要成為專業人員，要先懂得自我檢視，找出過去的積習，才能對症下藥，魔鬼就在細節裡，先把細節搞定，就能自在自信。我常說：「何謂自信，就是自在，少點自卑，多點自傲，一切剛剛好，就會好自在。」

2-6

長舌男女出頭天，勤業必勝！

想要變成什麼樣的人，就要從「模仿」開始！同一句話，每個人都有自己的風格跟自己的表達方式，但是多說多講多揣摩，找一個對象，先從模仿開始，就可以建立獨特風格。

「每個人都有一定的特質，你想要接近哪位名人形象呢？」我在白板上寫下這段文字。在一些模仿大賽中，我們都會看到一些人藉由模仿他人的方式，變成一個「鮮明」的風格，如果你也想要有鮮明的風格，你想要變成哪一種呢？哪一種的說話方式、音質可以讓自己最快被眾人「注意」到？多數人來上課的時候，都沒有一定的想法，所以每次寫完白板，台下的學生，都是鴉雀無聲。

我記得有個做廣播的朋友曾經跟我說過，在他們廣播圈裡，如果想要讓更多聽眾認識他們，都會習慣先找一個前輩模仿，學習前輩們說話的音調、用語、甚至是呼吸斷開的段落，為什麼要這樣呢？因為在沒有辦法與聽眾面對面的情況下，聲音是唯一建立聽眾印象的工具。當然，做講師、業務等等工作，要比他們來得幸福多了，我們多數人溝通的時候，都還是跟觀眾面對面的，所以，我們也可以先從他人的穿著、形象跟表達動作來學習，最後才是說話的方式。

那要怎麼模仿才會成功呢？以我為例，我最愛「郭富城」郭天王，我想要成為什麼樣的人，我就要把不足的地方補齊，所以，我每一次講課，都當成要上台表演。有一回跟香港友人去看紅墈演唱會，在郭天王要謝幕倒數幾秒，我跟他同步說了：「多謝！多謝！」跟著他一起揮手，一起跟觀眾告別，朋友忍不住驚呼了起來，好奇地問我：「東明！為什麼你會學得這麼像？連時間都抓的這麼精準？」我笑笑地說：「因為我常看他演唱會和DVD，每次台詞雖然都大同小異，但是對於觀眾來說是「第一次」聽到，就算講了一千次，也要能keep住熱度，讓每一次時都是維持在「彼此第一次接觸」的熱情！我也將這樣的舞台精神放入個人的講課中。

透過「掌聲」快速累積成就感

我絕對相信，每個人都可以透過不間斷的、努力不懈的練習，就可以站在舞台上，因為我就是這樣。當年我剛開始當講師，我也不知道我適合什麼樣的舞台風格，在不停的觀察、做功課、了解舞台，進而找到了「郭天王」，從他身上學習不同的人生態度，我才開始真正知道自己適合的舞台方式。

剛開始上課的時候，學生常常問我：「老師，我看了很多溝通表達的書，但是每回看完了，普遍運用不上，感到更加挫折，怎麼辦？」遇上這樣的狀況，我還是一樣會建議他，先找出一個跟自己行業、特質相近的人物，先從觀察開始，做很多功課，開始分析人物特性，進而模仿他的穿著、閱讀他的傳記，甚至可以模仿他講話的方式，就當遊戲一般快樂，更能將學習融入應用中。

譬如說，有一回我去幫一個作家學生上課，她期待在新書發表會的時候，可以擔任主持人。因為她的外型跟講話風格都非常犀利，很多人覺得她像小S，於是我便建議她，可以多聽聽小S在主持時講話的方式，以及什麼時候會丟出爆點，錄下她講話的精采片段，有空沒空就拿出來反覆練習，久了會越來越能掌控現場的氣氛，有次，她興高采列地跟我說：「老師！我才學小S講話，現場歡聲雷動，我好有成就感，大家都說我進步很多！」不要怕說錯，敢說、多練習，最後就會變成自己的風格。

懂得拿捏，轉換成個人風格

大家有沒有煮菜下廚的經驗呢？每個人不見得都會燒得一手好菜，但是都有煮泡麵的經驗吧！我煮的泡麵真的很好吃，因為我剛開始煮泡麵只會煮熟，後來大概知道時間跟溫度後，漸漸會加入蛋、青菜跟火鍋料，這碗泡麵，也從單調的泡水麵變成「王大廚什錦麵」！

每個人在一開始的時候，都可以靠模仿累積基礎，當有一天，有人開始跟你說：「哇塞，你好像某某人，怎麼那麼像呀！」此時，你就可以加入自己個人風格。有了之前累積起來的信心跟基礎，不論你添加了任何的新元素，至少都會有一定的把握，大膽嚐試，再利用事後檢討、修正，會有更多人喜愛、接受，而要從無到有的這段歷程，是辛苦的，只要夠努力，終究會走出自己的路。

想要擁有個人風格，需要堅定的信心跟勇氣！帶領學生成長，總是令我深受感動，也與大家分享其中一位學生「小花」的心路歷程：「二〇一二年在高雄《活動企畫與主持》結識了王東明老師。這堂課，影響了我後來的主持、教課，經營自己的大抵方向。『不要輕易接受極限，告訴自己，我能模仿、學習，創造。』這句話我今年常常對自己說，我認為每個人身上的專長或技能，能夠有更多的可能性與發展，讓自己喜悅，也讓別人喜悅。這一年裡，我從不倦勤，到台北、台中、高雄上課精進，從企畫『大老二理論』、『冰箱理論』到『黃金五點＋微笑』、『西瓜、醫生理論』筆記不用抄太多，因為這些重點並不只是紙上的理論，是能夠馬上運用在職場、社團與日常生活上的工具。」

其實，課堂上都會出現「不說」「敢說」「會說」「能說」幾種學生，但是不論是哪一種，模仿要透過內化，才會變成自己的寶物，溝通表達透過不停的練習，獲得掌聲跟認同的次數越多，越能累績成就感，除此之外，不斷地轉換自己的學習對象，永遠往更好的方向前進，才能真正變成「擁有自我風格」的人！

【東明老師五分鐘錦囊】

建議：模仿可以從身邊人做起，首先，如果可以的話，跟心中覺得不錯的對象討教，回家做筆記，會加速你學習的速度。

此外，多探討對方受人歡迎的原因，最好馬上學起來，即知即行，才不會忘記，才有機會將別人的優點變成自己的。

目的：根基打得夠深，面對變化來臨，才能夠穩如泰山。模仿是創造的第一步，從模仿中發現他人受歡迎的訣竅，有時比自己摸索來得更省事。

2-7

轉換自己的節奏，跟對方一個調調

不知你是否發現，兩個初見面的人，不管為了什麼樣的理由見面，當一方有意要跟另一方建立交情的時候，一舉一動都會互相影響。適時轉換自己，跟對方同調性，會拉高溝通的流暢度。

好的行銷人員，都是說故事高手，但因為說故事的對象不同，就要轉換自己的方式。我最喜歡跟孩子相處了！因為每回跟孩子相處，我的用詞都會變成疊字：「東明哥哥，跟大家說，坐車車、吃飯飯的時候，要乖乖的呦！」跟老人家相處的時候，同樣要吃飯坐車，我則會說：「阿媽，愛呷飯歐！身體要顧歐。」大家想一想，為什麼面對不同的對象，我要用這樣的語調跟聲音呢？

一位從事工程師的朋友說：「那是東明你呀！你是講師的工作，才需要這樣轉換，我們工作習慣了，哪說得出吃飯飯這樣的語氣。」沒錯，很多人習慣把工作上的專業帶回家，但是千萬不要把工作上的語氣帶回家，很可能會導致不知不覺的溝通隔閡。「調性」如果要用文字來說明，很多人都會一頭霧水，就像上一章提到的每個人就像不同的樂器，有自己的風格，但是為了取得其他人的認同，隨時要轉換自己的調性，成為溝通表達上的變色龍。簡而言之，講話就是要「對頻」，與對方找到共同且對的頻率；對不到頻率，就要懂得調頻，懂得調整說話速度，調到適合對方頻道。

譬如，老婆一回家跟老公說：「我今天好多快樂的事情歐！」最後一個字的「歐」的音調是向上揚升，如果老公回答是：「對呀，很不錯。」聲音是向下沉的，這音色一高一低的不同，會不會也造成感受度的不同呢？答案當然是肯定的，每個人都想要獲得別人的認同，所以在心理學上，越能在表情、動作、語言、以及口氣上有「一致性」「相同性」，越能提升人際關係。

每個人心中都有一座「艾菲爾鐵塔」

在上我的課之前，首先要重申：「我不是講教材的講師，我希望每個人可以從觀念開始改變，才能夠活用在生活中。」雖然我常常在講台上，開開大家玩笑，而且不給大家壓力，不代表我不在意「教學相長」，我常跟學生說，我適用最生活化的方式，讓大家可以理解以及運用。

或許學生會問我：「老師，如果把語氣改變了，轉換同調性，對於我們溝通有什麼幫助呢？」說真的，如果你開始身體力行，自然而然你也會徹底改變念頭。我常常跟大家分享一個故事。

某一年我跟著舊公司到法國旅行，舉辦活動的同事跟我說，東明，因為預算的關係，我們只有提供到第二層的經費，想要上到第三層，可能要自費。當時候我的決定是，我願意花更多錢去看不同的角度。請問大家如果是你們呢？你們會不會跟我有一樣的選擇？有些同事就會說：「沒什麼好看的，反正有看就好，看來看去還不是同一片風景。」

他說的沒有對錯，但是決定權還是在你手裡！有時候，跳脫自己平常慣用的方式跟語氣，就是一個新的開始，改變舊有習氣不難，只是讓觀念變成習慣，這件事情很難，時時刻刻注意自己的說話內容、說話語氣、模仿對方，取得認同，透過不同的角度，看到同一片風景，人生會有不同的格局跟應變方式。

轉換調性，請多說正面的語言

聽過了艾菲爾鐵塔的故事，我會在課堂上接著問：「我們都知道在工作上，很多人會說換個位置要換個腦袋，大家聽到這句話有什麼感受呢？」

公關業的林小姐說：「很煩，因為老闆每次都在有限的預算下，要我們找更多免費資源！換顆腦袋當然很快，但是還是沒有錢。」

服務業的張先生說：「就是嫌我們工作不認真，希望變相要求更多服務！」

事實上，「換個位置、換個腦袋」這句話聽來很刺耳，但是我認為這句話相當正面！把腦袋先準備好，只要上了位置，就不容易被換下來了，大家說是嗎？當然每個行業都有辛勞的地方，但是如何透過說話方式把工作圓滿處理，才是溝通表達最後的目的。在我從事了上千件的公關活動以及客戶服務輔導，我認為，這是一句非常正面的話，就像我們與孩子交談，在心態上，當然要轉換孩子聽得懂的語言，猶如我登上艾菲爾鐵塔，雖然我多花錢，看同一片風景，但是，我可以看到不同的角度跟格局。

多說正面的語言，利用語言表達，取得對方的認同感，說話之前要想之下，對方想要聽的是什麼？絕對不是道理規則而是可以有共鳴的故事，大人、小孩都一樣，隨時準備讓自己想像自己心中有一座艾菲爾鐵塔！每回想要回話的時候，先想一想，我現在站在哪一層，應該要如何說話，音調才會讓人感到舒服、接受度最高，大家都可以適當表達自己的辛勞以及不滿，但是，透過「同調性」「同理心」的轉換，絕對會讓溝通的結果變得大不同歐！大家不妨先試試看。

【東明老師五分鐘錦囊】

建議：在開會前、想要跟別人溝通前，可以先拿出一張白紙，寫下自己所想要傳達的建議（包含抱怨的內容）；而跟情人、老婆、家人互動，則是可以先看看對方的臉色，再決定現在要用的語氣，先對著空氣說一遍，如果覺得不習慣，可以跑去廁所練習。

目的：說出與對方語氣契合的話，可以減少語氣不同所造成的感覺摩擦，把事情單純導向溝通，避免雙方都有情緒。

2-8

沒關係扯關係，扯遠了也沒關係

熱忱與真心會表現在言語表達上，所以表達清晰、語氣懇切，亦容易被對方接受，懂得找話題、拉關係，有時東拉西扯，扯遠了也沒有關係。

大家喜歡逛街嗎？逛街時，除了可以吸收時下的流行資訊外，也可以觀察一下不同業種的介紹商品的方式，以及聊天話題歐！尤其是服務業的說話態度，除了要理解商品專業外，面對形形色色的顧客，創造從初次碰面到創造聊天話題，加深顧客印象，讓大眾感受到服務熱忱，也是創意表達不可或缺的課程內容。

很多人以為服務業只需要外表長相可人、口條清晰，但是就社會現實面來說，外在只是基本條件，想要真正的「打動人心」，則是要仰賴「找話題」的技巧！就像有一回我去幫某航空公司上溝通表達課程，看到一票帥哥美女，實在令我興奮無比，但是在上課的過程當中，我卻不免眉頭深鎖。為什麼呢？因為我發現這些外貌出眾的小姐、先生們，都是「冰山美人、冰山帥哥」，在機上服務客人的過程中，除了基本的對話外，在肢體、語氣上，無法將對於顧客的熱忱、關心，傳達給對方，這也就變成企業整體的大麻煩，畢竟，這些小姐、先生都是第一線人員，也代表了航空公司企業的軟性形象。

我們常聽到大家說：「某某航空服務好貼心！下回搭機還要搭這一家。」「某家店面的老闆娘好用心！下次還要去光顧。」除了語氣外，大家想一想，還可以藉由什麼樣的媒介，讓對方感受更為強烈呢？這，就是所謂的「創造話題拉關係」。

創造有話題性的「HELLO KITTY」專機

在大家上課前，我必須要先重申：「拉關係不是走後門、官商勾結歐！如果有人這樣想，可就大錯特錯了。」這裡所提到的拉關係，其實是創造商品、事件與客戶之間的關係。大家有沒有發現，每個媽媽只要提到自己的孩子，眼睛就會閃閃發光，每個孩子都是媽媽心頭寶，所以聽到任何有關孩子的話題，總是話匣子停不下來，所以呢？只要自己是媽媽，銷售媽媽用品時，馬上就熟捻起來了！

哪麼針對商品，跟顧客又要如何創造話題跟關係呢？譬如說，某某航空公司近期推出了「無嘴貓」的專機，就是一個「用商品創造話題」絕佳的例子！當顧客選擇搭乘後，空少與空姐只要稍微聊到相關週邊商品，這些乘客們，馬上就會熱情的回應，甚至會產生幫朋友託購的互動。航空公司本身透過這樣的包裝方式，與「特定客戶」拉關係的方式，大家是不是覺得親和力倍增呢？穿上造型服裝的空姐跟空少，也不再那麼制式化、冷冰冰了。

總而言之，身為服務業的前線，不論是講師、銷售員，乃至於企業，都需要創造自己的「HELLO KITTY」專機，要建立跟對方「有關係」的話題性，喚起討論的熱情。就像我自己曾經銷售過精油，也很會沒關係找關係歐！發揮聯想力，建立精油跟顧客的關聯性，看到一個業務人員，不妨可以先問問她有沒有使用過精油，提供「工作相關的建議」，比方說：好的精油可以提升磁場，是招財的好方式；如果遇到家庭主婦，可以建議哪些精油可以舒緩先生工作壓力，讓家裡更溫馨！

「誠」意打動天，最佳行銷利器

當我們們學會了建立商品話題拉關係之後，就可以建立良好的服務印象了嗎？當然不見得，因為有話題可以聊天，只是互動的媒介，想要近一步，就是要「熱誠分享」。

曾經有句行銷名言：「只要搞定一個奧客，就可以得到一個最忠實的客戶。」這句話代表了，想要建立良好且長遠的顧客關係，需要付出同等的耐心與誠心。譬如說：當客戶氣急敗壞地告訴我們，精油使用後，發現家裡有人會過敏，是不是精油的問題呢？身為銷售人員一定要先照顧客戶的心，不妨先問一下：「真的吼！除了過敏還有沒有其他症狀？真是太糟糕了！」千萬不要急於辯駁，也可以繼續扯關係，問問過敏的家人，平時是不是就有對香精過敏的狀況，或是出入過哪些場合等等，透過詢問方式，找出主要的問題所在，讓對方感受到被關心、被呵護的感覺。

解決了客戶的心，才能滿足客戶的需求。在這個章節中，我們要說明的說話技巧其實很簡單，拉關係創造話題，就像蜘蛛結網一樣，先從外面開始慢慢布局，最後才切入銷售的中心點，越能夠誠心誠意的打動客戶，才能夠將「品牌形象」慢慢放到顧客的心中，創造越多聊天話題，越能累積更多忠實客戶歐！

【東明老師五分鐘錦囊】

建議：不論銷售人事物，包含都要找出與銷售顧客之間關係。大家可以拿出紙筆，利用心智圖法的方式，把「商品」「事件」放在白紙的中間，然後往外聯想，有無相關的話題，利用不同顏色的筆，分為生活上、工作上、形象上，越多相關的事情，就越能夠打開話匣子歐。

目的：利用創造話題拉關係，在行銷表達上，可以讓顧客感受到關心，具有高信賴的服務熱忱，才能累積客戶的忠誠度。

LESSON 3

自我改造第三部：舞台力

3-1

發揮舞台力從「自我介紹」開始

好話術，就像美女的化妝易容術一樣，除了可以改變自己給人的形象，學會具有個人戲劇感的自我介紹話術，對於開拓社交圈，以及個人的舞台定位，有其驚人的幫助！

大家為何想要改變？有些人說話說得不錯，口齒清晰？為了什麼想要改變？在我多年的授課過程中，這是我與學員第一次見面，必問的重點問題之一。

大家不妨想一想，「人都會說話，為何想要改變？」課程的學員來自各行各業、各種年齡層，也不乏是專業的律師以及業務主管。這些人都有一個共通性，就是他們都不是口齒不清、窘於發表意見的人，但是仔細觀察，發現自己在說話上還差了那麼一點點，也因此希望我可以給他們每個人不同的專業的建議！

這個問題一出，我得到以下的答案。

有人回答我說：「因為想要更上一層樓！」

也有人回答我說：「我上台講話大家都睡著！」

更有人半開玩笑地對我說：「因為我們不帥！」

我不急著公布正確答案，接續著在白板上寫下第二個問題：「你會自我介紹嗎？」

我環視了台下的學生們，大家的臉上幾乎都露出笑容，有一人忍不住回答道：「王老師，你是看不起我們嗎？自我介紹誰不會，我從國小開始就會自我介紹了！」

是的，這問題乍聽之下，似乎很沒腦袋，不過我不在意學員的態度。我開始請學員逐一上台自我介紹，依照白板上的細目是：姓名、星座、個人興趣、最喜歡的事情以及最討厭的事情，表達自己的狀況，從第一位到最後一位，學員們開始發現，有舞台力的人與缺乏魅力的人，聽眾的人氣度，在反應上有明顯不同。

素人變裝美「話」術

從以上的教學狀況，我發現每個人都有這樣的問題，自我介紹不難，但是一但換成站上舞台的是你，你會怎麼自我介紹呢？「我是王東明，我的星座是雙子座，我平時愛閱讀，最喜歡是郭富城，最討厭……。」你是不是也跟其中一些學員一樣，不到100字就報告完了個人的資料呢？我必須老實說，這樣的自我介紹沒有不好，但是想要不到五分鐘，就吸引人家的注意力，成為舞台上的亮點，還有一大段的距離要努力！

聽我慢慢說來，好話術，就像素人變美女的美容易裝術，一個有說話魅力的人，跟一個沒有魅力的人，差別就在「舞台力」。站上舞台時，平鋪直敘的自我介紹法，等於是一個容貌端莊、五官端正的素人，雖然看起來很清爽但是讓人沒有記憶點，如果想要變成讓人看一眼就被吸引，比方說：如果是迷你眼女生，不妨貼上假睫毛，就可以變成大眼妹；男生頭髮沒造型，靠著一頂帽子就有型！說話也是，想要讓人被你的話吸引，就要擴大自己在別人聽覺中的份量。

如何才能說話具有畫龍點「睛」的功夫呢？透過以上不斷的腦力激盪，大家是不是對於個人說話魅力上的問題，越來越清晰了呢？接下來就讓我們一起來領略，靠說話創造無可取代的自我介紹法！

抓緊五分鐘聽覺神經，建立小巨人形像

我常常跟學生討論起我的偶像──郭富城天王，但是大家知道他究竟多高嗎？多數對於郭天王不熟的人，都會猜175公分以上，但是事實上，郭富城的身高不高，比例也不是四大天王中最好的，為什麼站上去舞台，會讓大家感到如此巨大呢？

我們都知道郭富城是是舞蹈者出身，對於舞台的華麗包裝跟肢體展現，往往會讓大家忽略了他的本身的高度。在社會心理學中有一個理論叫做「月暈效應」。就是一個人表現好時，大家對他的評價遠遠高於他實際的表現，就像我們看月亮的大小，不是實際月亮的大小，而是包含月亮的暈光，也是因為這樣，所有的演員都可以就不會受限於自身的條件，多元化展現出不同的個人吸引力。

然而，在舞台上，我們也可以透過說話的呈現方式，創造同樣的效果，藉

由自我介紹的過程中，一提到個人的最喜歡的事情，可以加入強化動作的聲音表演。我有一位33歲的女性客戶，她的聲音非常低沉，但是她是銷售化妝品的講師，為了提升她在講解化妝時的說話魅力，我讓她去練習看外國傳教士的電視節目，在講解課程的時候，低沉的聲音，讓人在講笑話時，具有冷面笑匠的效果，偶爾穿插誇大的肢體動作、誇張的表情，讓上課的人就像在看一場國外時尚表演一樣，雖然一樣的是五分鐘，對於聽課的人來說，感受就完全不同，會覺得特別有趣，讓講課內容趣味化。

人生角色總是不停地在切換，職場、家庭兩頭忙，我有一個女學員，是兩個孩子的媽，有一個星期，公司要她在八千人面前，做個三分鐘短講，為了脫穎而出，她非常的緊張，也請求我的協助，亦希望在這三分鐘裡，可以給予八千人帶走些正面能量，同台的管理階層都在講「時間管理」「做就對了」等話題，但是她不想講，我特別為她量身訂做設計了一個劇本。首先，我請她穿套裝上台，但腳踏家居脫鞋，左手拎一雙「高跟鞋」，右手背了一個大包包，裡面尿布、奶瓶、公司資料，當走上台那一刻，她，在眾目睽睽下，自在換上高跟鞋（展示腳上這雙高跟鞋），並大聲對觀眾點頭問道：「美吧！」八千人同時說「美！」

於是，在舞台中央，她娓娓地訴說：「我也知道它很美，但我穿的很不舒服，其實，穿拖鞋比較舒服，但為了美，我還是努力站在這雙高跟鞋上面，因為我知道當我穿上這雙美麗不舒服的鞋子的背後，擁有我的夢想與目標，老天給予的時間大家都一樣，只是怎樣運用，對我來說，就是角色切換，在事業上我努力善用時間不浪費，對家庭、小孩、老公，盡量滿足！我不會告訴大家我多偉大，我跟台下的你都一樣，為了家，為了自己，再怎樣不舒服，也會穿上這雙美麗不舒服的高跟鞋，因為我知道我的夢想與目標。」說完了這段話，她把地上的拖鞋拿起來，放進裝著奶瓶尿布的包包裡，自信地跟台下八千人揮揮手，且優雅走下台，當她走入自己的座位時，忍不住再次跟大家揮揮手，並給了舞台主持人一個大大的微笑！隨著她的演繹詮釋，我相信這三分鐘，肯定讓台下八千人知道她是誰、她的夢想以及喚醒大家對工作和家庭的感動！

回歸原點，善用「自我介紹」將說話魅力無限放大，不僅僅可以運用在工作上，也可以運用在各種人際關係上，透過這樣的自我訓練，可讓每個人在形象建立上，更加得心應手，也呈為魅力四射的自信領袖！

【東明老師五分鐘錦囊】

建議：首先，學員在家的時候，可以自己先拿出白紙，寫下個人資料，寫下工作、興趣、個人特色、最喜歡的電影、印象最深的糗事等項目，針對幾項寫下200～300字的陳述，盡量生動有趣。第二步，則利用錄音筆以及計時器，分別練習1分鐘、3分鐘以及10分鐘，三種不同時間的介紹方式。最後，挑選一首適合自己調性的出場音樂，在錄音練習時，一起產生說話的律動感。

目的：透過這樣的簡單練習，主要在提升說話的自信度以及建立個人特色，可以改變自己，給人感染力，學會具有個人戲劇感介紹方式。

3-2

多幻想，提升情境聯想力

有人的地方就是舞台，不是只有在課程中才懂得表現自己，要隨時隨地遇上任何情境，都可以發揮溝通表達的能力，才是真正的「學到」「做到」，進而才能「做好」！

我從來沒有想像過，會進行這樣教學的方式。當我開始從事教學工作的時候，思考過很多次：「什麼樣的課程鋪排，才能讓學生快速地運用在生活裡，馬上就可以上場？」「什麼樣的教學方式，只求學生不要睡著？」「每個人屬性、角色定位都不同，怎麼樣協助他們找出個人定位跟自我風格？」「怎麼樣才能讓『無時無刻溝通』成為生活中的習慣？」於是乎，我開始打破傳統的上課風格，把我的講堂變成了一個遊戲場，每個人都是評審、也都是主角、也可能會是老師。

第一次來到課程的同學都會問：「老師，為什麼這堂課沒有講義？」我搖搖頭：「沒有，連筆記都不准抄，因為這是一堂教練式課程，大家都要放開心全神投入！」我們課堂上常常會有新生報到，按照慣例，我們會請新生先來上一段3分鐘的「自我介紹」，然後請台下的同學們給「建議」，每回遇上陌生人評語時間，剛開始上台的人，總是會有些尷尬的表情，畢竟，在這個社會中，我們都已經習慣接受「不太實際的讚美」，有時要透過一些陌生人的視角，才能夠隨時做好個人的微調。

學生剛開始會反應：「老師，我覺得很害怕，我不曉得我在大家眼中是什麼樣的？萬一表現不好怎麼辦？」

也有學生反應：「我都不知道我的手該擺哪裡？這樣是不是很糟糕？」

大家有沒有從這些學生的反應中，發現一個有趣的觀點：人們平時習以為常的行為動作，當站上舞台，好幾隻眼睛注視著自己，成為焦點人物時，大家反而不知所措，沒有辦法及時反應了，為什麼會這樣呢？答案是：因為大腦裡從來沒有想像過這樣的情境，所以不知道如何應對。反之，在我們的表達力課程中，如果可以先想過這樣的情境，那麼，我們大腦裡儲存的應對方式越來越多，溝通表達也就會越來越自然、越來越輕鬆了。

「我愛你」有幾種說法呢？

我一直相信，人的行為模式是可以透過學習演練而改變的，讓表演轉換思維，成為成為日常生活的習慣。如果有人的地方就是舞台，那麼在這個忙忙碌碌的生活中，大家每天要扮演幾種角色呢？有人在外是老闆，回家是老爸，還有一出生就是人家的兒子女兒，假設要請用以上的幾種身分，說出同一句「我愛你！」你會怎麼有幾種說法呢？

當我們是別人兒子的時候，對媽媽可能有點靦腆的，眼神看著牆壁說：「媽，我愛你。」

當我們是年輕老爸的時候，對稚幼的孩子可能會又抱又親地說：「寶貝，把拔最愛你歐！」

當我們是年紀較大的老爸，或許，這句我愛你已經變成嘴巴含魯蛋：「恩，我愛你。」快速帶過。

當我們是一個公司老闆的時候，大庭廣眾下，我們也要豪邁地說：「謝謝大家，我愛大家！」

這就是語言有趣且不同的地方，**一句『我愛你』就有不同的說法！不同的說法，就有不同感情的傳達！**我們都知道這個淺顯易懂的道理，但是我想請問大家，如果以上幾個情境產生，是否能夠適切且即刻流暢地講出不一樣的「我愛你」呢？仔細想想，問問自己這個問題。

事實上，透過課程想告訴大家，不論內心的答案是什麼，透過這樣的練習，大家要清楚地了解，溝通是非常靈活的運用，最好可以變成生活的一部份，如果想要在工作上有好互動表達，平常就要多想想有可能會遇上哪幾種情境，有能力回答哪些話，這些話有沒有可能再進一步，再加上「肢體」「聲音」「表情」三大要素，隨時思考這樣的問題，就像一個平日不上場的籃球選手，也要在場邊做足基本功，從運球跟模擬上場狀況，觀察別人打球方式，等到一上場，亟須馬上反應，要灌籃、要傳球都只有幾秒鐘的判斷時間。

說而優則演，人生如戲常脫序

蔡依林曾經說過：「我從來就不是一個天才，但是我很努力，我是一個地才。」從不會唱歌到變成歌手，開始在每一場的表演中，想像自己是個舞蹈家，想像自己是一個體操選手，想像力會讓自己有無限的可能；這樣的狀況不僅僅會發生在蔡依林、郭富城這樣的明星身上，只要我們願意，也會發生在我們身上。

說話不僅僅只是發音這樣單調，也需要添加想像力。就像每回我到企業去做內訓，有時候會遇上很多優秀的業務團隊，他們對於公司商品，從製造過程到有幾項國家認證，真的是倒背如流，如數家珍，不過咧？山珍海味天天吃也會膩，偶爾也想要吃點不一樣的路邊攤，同樣的，專業是一定需要的，但是在與客戶分享過程中，優質業務行銷人員，除了提供專業外，有無其他「新鮮感」呢？既然要聊專業，說不通，就演給你看囉！

「XX先生，其實~我想要跟你縮，偶們家的商品，有夠讚啦！」擺脫正經八百的形象，偶爾換上台灣國語腔當個反差大的台客，也十分有趣，反而會讓客戶覺得你這樣的業務人員很吸睛，該說的內容已經倒背如流，如何幻想情境，即興演出，別太緊繃，讓溝通表達融為生活的一部份，讓客戶捨不得不跟你說話。

【東明老師五分鐘錦囊】

建議：針對自己的工作模式，扮演角色，寫下有可能遇到的情境，在情境中，自己會用什麼方式詮釋這些專業素材，怎麼講才會讓別人感覺到個人風格。風格有很多種：犀利、有趣、溫暖等等，都可以事前練習。

目的：提升對於重複性事務的應變能力，造成個人風格的反差度，讓別人產生眼睛為之一亮的感覺。

3-3

常聽音樂，練習說話節奏感

每個人都像是一種不同的樂器，在傳達語言涵義的同時，也賦予人不同的聲音感受，我們無法改變自己的天生特性，卻可以操控說話的節奏，改變與人「聲音印象」！

有一回，到高雄演講途中，帶了形象大改造的學生到某知名品牌 OUTLET 挑選適合的服飾跟皮件，作為造型的搭配，也讓學生更能掌握自己的形象，甫踏入一家店面，正在專注挑選皮件的時候，忽然聽到一陣高頻率的聲音，機哩瓜拉不停地重複，彷彿廣播電台切換時的雜訊，我拉了拉學生的衣袖，兩人連東西都沒有挑就飛奔出店門外了，到了門外，學生跟我說：「我的天呀！他的聲音好吵，他介紹的商品我一個字都沒有聽進去。」

請問大家，都聽過自己平常講話的聲音嗎？你講話的習慣又是什麼呢？是否一講起有趣的事情，就如同連珠炮般停不下來？還是總輕柔緩慢地說完每一句話呢？在逛街的時候，大家有沒有發現一件有趣的現象？當我們踏進一家服飾店面，如果是播放輕柔的鋼琴古典樂，我們的心情也會不自覺感到輕鬆愉悅，如果我們踏入店面，結果聽到的是重金屬搖滾樂，心情也會變得煩燥，想要馬上離開現場。那麼假設店裡面沒有播放音樂，店員說話的節奏跟速度，就變成了影響顧客的重要原因了。

就像上述故事裡的店員一樣，或許，他沒有注意過自己的聲音是屬於頻率比較高的，也沒有注意過自己的講話的速度快慢，最後，熱情的介紹方式，卻變成了趕走客人的敗筆，大家說是不是很可惜呢？說話的目的，在於讓對方清楚了解，否則就是浪費。在眾多的人當中，我們可以想像大家都是一種樂器，一群樂器在演奏的時候，有些人的音質是高音喇叭；有些人的音質是低音鼓；有些人是小提琴，怎麼表現才會在發表的時候，讓人感到愉悅，是非常重要的。

避開機關槍跟高射炮

有回我去大專院校演講，在活動開始前，總是會有一些熱情的學生會委員，會幫我開場，這位台下講話柔美女同學，但是一上台拿起麥克風，馬上轉換了語氣很緊急的拉長聲音大喊：「同學們，請快速坐好，$#%$^%^。」大家覺得現場反應如何呢？動動腦想像一下，因為同學人數眾多，講台又遠，女同學的勸導一點用都沒有！沒有用，就等於浪費力氣。

溝通表達是一件很累人的事情，以我的工作性質為例，除了交涉工作、專案分配，還要擔任活動主持，有時候一整天要講很多很多的話，所以呢？我希望大家都可以用最省力的方式，就獲得別人的認同。在此也提出兩種特別要注意的說話方式，要先避開「機關槍」，什麼是機關槍呢？就是從頭到尾不讓人插嘴，或是在場地大的場合，讓聲音糊成一片，別人完全聽不懂對方說什麼，這種學生的口頭禪常常是：「我跟你說，那個我聽到……，結果他說……，後來我說……，接著他說……。」到底是誰跟誰說呢？這段話中，「你我他」糊成一片，都不知道誰是誰了，所以最好訓練自己，說話時快慢合宜，讓聲音清楚傳入他人耳中，說一句，別人就聽懂一句，不用再發問。

第二種，也是幾乎「全部人」都會不知不覺犯上的小毛病。在太吵的場合，或是心情過於愉悅的時候，音量也會越來越高，其實這樣有點小討厭，因為自己講得興高采烈，別人不方便提醒你，但是，身為你的長期聽眾，恐怕有自動關上耳膜的念頭，是一種非常惱人的毛病！

常跟學生提醒，每個人說話節奏都沒有大缺點，只是有些小毛病常常忘了，所以只要時時提醒自己，加上有效且有趣的調整方式，效果就會大大提升，搞不好順便會提升自己的人際關係，「只顧自己爽快」的說話方式，其實也會變得有點討人厭。

從聆聽音樂節拍，調整節奏感

大家都聽音樂嗎？多數來說，都是聽哪一類型的音樂呢？不論哪一種音樂，我們都不排斥，但是大家有沒有注意到，一首歌裡除了有節拍、聲音大小也有強弱，有時候是強、有時候是弱、有時候是極弱，隨著這樣的聲音運用，人們會不知不覺想要拉長耳朵，聽聽你下一句話要說什麼？

在我上課的過程裏面，很多學生最難擺脫的，就是過於「理性」，得想辦法教他們「感性」，人跟人的溝通橋樑，不僅僅只建立在文字上，藉由音樂的演練，我們讓大家進入另一個氛圍，多聽聽音樂，然後在每一次說話前，幻想你現在如果是聽眾，現在的情境跟狀況，你想要聽到什麼樣類型的音樂，把自己當成是廣播主持人就對了！

在說話之前先想三秒鐘，想要給對方輕鬆愉悅的感覺，就記得要放慢自己的說話速度；想要擲地有聲的表達你的意見時，可以稍微拉高一點音量，但務必讓每句話都能被聽得清清楚楚；當然，如果是要吵架，就千萬不要太小聲，不然一點氣勢都沒有。如此一來，不僅傾聽者容易聽得入神，講話的內容也不會空洞，容易引起聽眾感情的共鳴。

【東明老師五分鐘錦囊】

建議：首先，一樣要利用錄音機，把自己的聲音錄下來，在眾多樂器當中，你認為你跟哪一種樂器的聲音頻率最接近呢？開始觀察，這樣的樂器在演奏的時候，多半怎麼表達呈現？透過這樣的方式，了解了個人的音質，你要怎麼讓別人聽你說話的時候，感到舒服呢？低頻率，過慢的速度，要變快；高頻率卻常常講太快的，要盡量轉慢，找出適合距離對方，聽得到的音量，可以放一些不同的背景音樂，會提升練習效果。

目的：懂得調整自己的說話速度，讓聲音語句清清楚楚的傳入對方耳朵中，不會造成心態上的負擔，引起對方的共鳴。

3-4

掌控舞台互動的「球球理論」

說話本身就是一種「訊息」的傳達，透過不同人的接收以及轉達我們會把訊息傳出去，舞台上的我們就像球場上的球員，想要得到勝仗，就要懂得傳遞時的技巧。

在說話自信講堂公開班上，不會只有一個學生，當我們面對人群說話的時候，也不會只有一個人，有時候是來自四面八方的雜音，就像明星開記者會一樣，我們需要想像面前有好幾十隻的麥克風，每一個人都會問你不同的問題，面對不同的問題，我們要如何做出正確的反應，給出正確的答案呢？

在培訓活動主持人的過程當中，我常常遇到一種學生，長得乖巧可愛、看起來就是聽話的乖乖牌，大家一定覺得這樣甜美的女生，非常適合當主持人，但是大家有沒有想過一個問題：活動會場什麼臨時狀況都會有！只是點頭微笑，有辦法掌控全場嗎？如果不行？至少要有哪些功夫呢？

第一次來的同學A回答：「要會拒絕？」

複訓第二次的同學B回答：「要會扭轉局勢？」

最後，已經是知名婚禮主持的同學C淡淡地回答：「要會收錢！」

聽他說完，全場同學都笑了。我當然也笑了，想要當一個稱職的主持人，會遇上各種臨時提問的狀況，如果把丟問題跟接問題，想像成兩人對打的羽球賽，就要懂得接球、殺球、作球等種種功夫，才能做到面面俱到，所以上過我的課程的人都知道！「球球理論」是身為一個好的主持人，必備的6大技巧。

我，是一位「排球冠軍」

要介紹「球球理論」前，我在課堂上先寫下了這樣的問題：

請大家發揮一下你的想像力，如果每說出一句話，就是丟出一次球，那在眾多球類運動中，你與他人的對話，像是一場什麼類型的球賽呢？

「我與客戶之間，是一場網球賽。一來一往要快狠準，一句話說出去就要有八成的把握，要對方下訂單！」一位當業務的同學自信滿滿地說。

「對於我在公司的角色上，我就像是棒球賽裡的外野手，我只要把揮出來的球接好，不要造成公司過多的損失就好了。」這一位在公司裡擔任的是業務部的後勤人員。

「當我在幫藝人發言的時候，我覺得我是一個捕手，因為不論記者問任何問題，我都要全部接到。」我經紀人無奈地笑了笑。

在眾多的球類運動中，當然都有會傳球跟得分的方式，因為自己的工作性質不同，產生不同的變化，所以想要在不同工作場合中脫穎而出，我發現每個人都要具備「十項全能」的應變度！就像是一位排球冠軍一樣，可以發球、可以做球給別人發、也要會接球，偶爾換了不同的位置，就要馬上轉換腦袋。

俗話說得好：「機會是給準備好的人。」也許你從來沒有想過，有一天你會被派去前線當業務；也許某一天你也會變成公司活動晚會的主持人；更或許有一天你會變成跟同仁訓話的大老闆；人生角色大不同，做好「球球理論」基本功，就連王建民的伸卡球，也不放在眼裡！

球球理論八大招

第一、丟球

在主持活動、以及上台簡報的時候，為了吸引台下聽眾的注意力，我們要學會丟球給別人。

用問問題的方式，尋求聽眾的互動，舉例來說：「大家想要聽嗎?大家想知道嗎？」

第二、接球

面對主管、客戶的詢問時，我們要適時表達個人的意見，以做出接球的動作。常見的方式是回答「我知道。」「我不知道。」「我覺得…」「我認為…」

第三、躲球

面對主管、客戶質詢卻不想要正面回應的時候，我們可以選擇先閃躲的方式，不需要針對問題正面回應。

就像是藝人常常在面對記者質詢時，總是顧左右而言他，回答很有幻想空間的答案。舉例來說：記者A：「請問你陪睡的價碼是多少？」藝人多數會回答：「我沒有陪睡過，如果我要陪睡價格一定很高。」

第四、搶球

在一群意見領袖當中，言論聲此起彼落，可以利用出其不意的方式，將注意力引回自己身上。

「午餐要吃什麼？要去哪一家餐廳？」「我覺得XX餐廳最好！」「我才不覺得，我覺得另一家XX餐廳更好！」

突然間，傳來一聲「安～～～～靜！」一轉頭看到一個瞠眼雷公的表情，讓大家不知不覺就忘了原本在討論的事情，也是搶球的方式。

第五、護球

我們有說過，「訊息」就像是一顆球，如果當球是別人發出的時候，我們就要在旁邊幫腔，叫做「護球」。

這樣的狀況在主持時，最常出現；當訪問來賓時，現場聲音過於混亂，就要幫來賓抓回發言權。

舉例來說：有一回我主持烏克麗麗作者的發表會，當大家都七嘴八舌討論學習方式的時候，我就會主動問作者：「如果大家今天在現場不了解的，可不可以免費諮詢呢？」作者就會更詳盡的告訴現場朋友相關聯絡方式，也幫作者爭取發言機會。

第六、收球

能放能收才是說話的最高境界。在一場活動，或是一場發言結束時，總要有人做一個總結，此時，我們就可以說：「今天的課程有人喜歡、也有人不喜歡，學習的形式本來就有很多種，沒有對錯，但是都希望今天的課程結束後，大家都可以往『成功』前進！」

在面對客戶、多人會議諮詢的時候，也可以利用這樣的技巧，重新提醒會議重點，也給予大家肯定、正面的回應，就是最好的收球方式。

當然，更進階的，也有殺球跟做球。以上八大招的方式，並不像坊間的書籍一樣，解說得落落長，因為所有的招式都濃縮在這簡單的心法當中，不論面對哪一種說話的場合，只要隨時認清自己現在的位置，想清楚，我該接？該躲？

還是應該收？就能夠在球（訊息）丟過來的時候，做即刻的反應跟運用。

【東明老師五分鐘錦囊】

建議：很多人都用腦袋記口訣，但是我建議可以先用腦袋幻想，訊息就像是一顆傳來傳去的球，當一句話說出來，就像是一顆球打過來，你有沒有能力接起來？還是只能先閃躲？讓你的腦袋反應比身體快，也比嘴巴快，先做出選擇，自然說話能力也會提升。

目的：利用幻想技巧，增強對於臨時狀況的應變程度，是一提升現場靈活度的方式。

3-5

讓觀眾從一人變成十萬人

在表演學中，「動作」是否落落大方，能在數萬人面前表演，吸引眾人的目光，也代表了某種程度上的自信，所以強化自己的肢體動作，足以增加表達的廣度。

當我們演說或是表演的時候，無法預測舞台的場地會有多大，也無法預測人們的目光，唯一可代表自信的，是千錘百鍊的肢體語言。當然，我們不是每個人都會有機會站上舞台，但是大家要相信：「舞台上每個人都會發光」。

有一回，跟一個很特別的團體配合，是陸軍官校的軍樂隊，在一群正經八百的人當中，達到一個畫面上的協調、動作速度的平衡，實在很不容易，尤其是大家的時間排程上都相當的忙碌，沒有過多彩排演練時間，等於一碰面就要上場。平常走歡樂幽默、機智反應路線的我，跟正經八百的軍樂隊，大家想想，光是想像就有多格格不入呢？

首先，先不用說到這些軍人們體型、身高跟形象，簡直是標準到可以當模特兒，加上管弦樂團手上都有樂器，遠看十分吸引觀眾目光，而我一個人居然要扮演獨唱的角色，加上本身是「臨時邀約」的業餘歌唱家，想要在這群人當中，順利演出順帶吸引大家目光，實在不是一件太簡單的事情，大家說是不是蛤？

想不到出乎意料之外，當影片分享在臉書（facebook）上，得到大家的熱烈迴響，甚至個人歌唱表現，也變成了大家討論的焦點，為什麼會這樣呢？

網友A表示：「不知道為什麼，看起來管弦樂團反而凸顯了演唱者的特色。」

網友B表示：「因為演唱者的曲目雖然不複雜，卻很吸引人。」

最後，有一個頗有舞台經驗的講師悠悠地說：「因為，平時有舞台基礎訓練，不論在任何場合，都不會被氣勢壓過。」

是的，我們常說「氣勢」足以傳達個人的能力，究竟什麼是氣勢呢？平時又該如何透過肢體動作表現出自信度呢？透過化繁為簡的教學技巧，來慢慢描繪給大家聽。

隨時準備好「畫西瓜」

大家看過舞台劇嗎？舞台上面的表演者，不論觀眾買的票是多近多遠，都可以讓進場的觀眾，都要盡力讓對方對於自己的肢體動作一目了然，唯有看清楚動作，就算台詞不甚清楚，也可以推測且意會到台上人演出的內心戲碼。

每回看到上過課的學生寫的課後心得，都是極好的回饋！心得如下：

「上過課程後，很容易讓人記住，其中有兩個是『西瓜理論』。也就是說，在台上說話時，手勢等肢體動作要儘可能張大，讓聽眾對所談的內容而加深印象，也能具說服力。而在進行手勢輔助時，也要盡可能的讓整場講話加分，如果不必要的枝節動作，要盡可能減省。」

「練習的過程中看到每位同學畫的西瓜都不一樣，也因著老師每一次的強調而慢慢加大，並且維持在胸線以上，讓自己在講話的過程中能夠生動，具有加分的效果。」

聽完以上學生的分享，究竟什麼是西瓜理論呢？在這裡跟大家解釋，就是想像自己雙手拉平，以手肘為軸心往外劃一個大西瓜（大圓），解釋白板上（或簡報）第一點、第二點、第三點內容時，手要隨之自由的活動，且手隨時保持在胸線以上，讓個人的姿態，能讓手腳跟視覺作一延伸，千萬不要跟鵪鶉一樣糾成一團，看起來就不大方囉！大家準備好一起站在鏡子前面畫西瓜了嗎？

隨時習慣讓視線延伸——黃金五點大延伸

我喜歡看很多類型的書，有時候套用在舞台表演上，也非常適合，企業管理學裡，有一句話叫做：「想要領導人，就要先學會被領導。」相對地，想要徹底看清舞台上的樣子，就要在台下當一個好觀眾。

不知道大家有沒有這樣的經驗，很想看一場演唱會，卻因為搶不到搖滾區的票，買距離舞台較遠，且位置差座位的票，遠遠地可能看不清對方的表情，但是卻很期待偶像可以看自己一眼，心裡只因為他的頭微微地轉向我們這邊，就認定有了眼神的交會！會讓人雀躍不已。所以，在不論台下是一個人，還是十萬人的觀眾，身為一個溝通表達者，都要學會在講話的過程中必要與台下的聽眾有所交集，這時就可以設定台下某幾個定點來與下面的聽眾做回應。

一個舞台那麼大，並不是每個地方都能兼顧，這時就利用奧運的五個圓圈圖案來設定黃金五點，但也可因人而異。黃金五點的正確設定方式是什麼樣子呢？假設在一個四方形的會議廳，以舞台呈現主要放射，我們可以將空間分成前面兩點跟後面三點，涵蓋區域（觀眾席）如奧運圓圈的圖案，當視線投射到圓圈區，會讓聽眾產生台上表演者在看他的錯覺。

不論進入到多大的空間裡，都可事前在心中做好這樣的設定，容易掌控全場的觀眾氣氛！將心比心，為台下的人做設想，才能讓任何溝通表達傳到聽眾心坎裡。

【東明老師五分鐘錦囊】

建議：要回家對鏡子演練，不論是30、120、150人的會場，都需要對黃金五點呈放射性微笑，讓對方錯以為主持人有在看他，才能吸引對方的注意力，隨時可以觀察對方，便於運用丟球跟收球的動作。

目的：運用台下觀眾的同理心，可以反向引領氛圍，讓每一個聽眾都感覺被照顧到，為身為舞台講師的專業。

3-6

麥克風別錯過想發言的人

走入人群、觀察人群，與人群互動，利用小道具拉近講師與台下聽眾的距離，而傳遞麥克風的動作，表示活動不是一言堂，願意邀請大家共襄盛舉的熱情，小動作代表了大誠意！

舞台究竟有多大？有人群的地方，才是「真正」的舞台，不是有燈有麥克風的地方，才是舞台。曾經看過很多表演者，總是把自己侷限在舞台上，彷彿只有在台上，只有拿著麥克風，才懂得溝通、才懂得演說，如果沒有完整的流程與講台，是否就不能表演呢？

在國外旅行的時候，我最喜歡看街頭藝人們的表演，一路上總是驚奇，有時會遇上一個小提琴家，不論他是不是站在國家劇院上拉提琴，琴藝總是無懈可擊；偶爾會遇上一個默劇表演者，不論他是不是有說話，肢體的精彩度，就活脫脫像是從黑白影片走出來一樣，偶爾遞上一顆球，一個拐杖，我們就一起在街頭演起了戲劇，這樣的經驗真是太有趣了！

大家有想過嗎？什麼是一場優質的演講？我想，絕對不會是「一言堂」，當一個人在台上講得口沫橫飛，而台下則是呈現一片死寂，這樣的學習方式，會快樂嗎？一堂課程結束，除了滿滿的筆記外，回想起來又有什麼可以現學現用的溝通技巧呢？難道，要跟客戶對談的時候，還要隨身帶著溝通課程的厚重筆記嗎？

答案當然是否定的，想要達到真正「教學相長」的溝通，就要適時地把麥克風遞出去，才能換得台上台下觀眾真心的回饋跟互動。但是，這樣的技巧到底要如何運用呢？

不要輕忽「皺眉頭」

在這個章節當中，我假設每個人有上過舞台，拿過麥克風訪問人的經驗。

當我們從舞台上走入人群，想要跟別人拉近距離互動的時候，往往都要先學會

「看人臉色」。請問大家有沒有遇到一個狀況是，當我們從台上走到台下，想要遞給別人麥克風說話，對方會連忙揮手說：「不要不要。」或是眉頭深鎖，透過這樣的表情動作，我們必須分析，對方真的表示不想要發言嗎？還是另有其他的涵義呢？會不會因為個人的誤判，而錯過了想要發言的聽眾呢？

第一次上台的同學A說：「他應該是真的不喜歡吧！」

有過幾次婚禮主持的同學B說：「對方有兩種狀況，一種是被嚇到，一種是客氣的推託。」

一位具有專業授課經驗的講師C說：「不論對方的反應是哪一種，還是要先訪問對方，不要因為對方說不要，就直接跳過，這樣很沒禮貌！」

有時候，人們常常透過「表情語言」來傳遞難以說出口的話，但是身為一個全場的掌控者，要懂得時時刻刻體貼台下觀眾的心情，藉由傳遞麥克風的動作，適時聆聽聽眾的聲音，引導他們參與整場活動，要記得！誰拿麥克風，誰就是全場主控者！要HOLD住全場，連自己都怕被拒絕，那麼要如何主導整個流程呢？

訪問記得「微笑！微笑！微笑！」

我曾經幫不少婚禮主持人上過課程，他們在主持婚宴的過程，常常犯上一種小毛病，就是當邀請台下朋友們發言的時候，常常會遇到不知所措而臭臉的新娘、新郎長輩們，如果是這樣的狀況，又該怎麼自己圓場呢？

事實上，當主持人走入台下面對任何狀況，我還是建議只有一種處理方式：一定要先「微笑！微笑！微笑！」俗話說得好：「伸手不打笑臉人。」透過微笑的傳導，往往可以獲得對方的共振效應，臉上的表情不僅可以減弱對方心理的防衛感，也可以引出對方不自覺地微笑。

此外，微笑也可以當作讓對方下台階的好工具，因為當麥克風遞出去了，如果接受訪問的朋友，一直臭著臉，場面很快就會冷掉，如果可以兩個人臉上都掛著微笑，就算是沒有滔滔不絕地回答，也可以維持現場的氣氛，也讓大家對於這位受訪者留下好印象！

【東明老師五分鐘錦囊】

建議：想要從台上走到台下，需要一定的勇氣，因為萬一搞得不好，場子容易冷掉，所以一旦走入人群，就要小心觀察每個人的表情跟個性，有人可以開得起玩笑，有人則不行，不論如何都要保持正面、樂觀的笑容，才能主控全場。

目的：台上台下我ＨＯＬＤ住，想要走入人群就要先有心理準備，不是每個人都買帳，但是就算對方不買帳，也要自行化解。

3-7

舞台劇效應，言語之外「隱」響力

一切盡在不言中，不說話往往比說話高竿，舞台上真正的戲劇張力，不在於台詞多精彩，而是透露在行為裡的小細節，甚至只是拿一枝指揮棒。

身為舞台表演者，我隨時都在進修，不論是電影中、書籍裡，還有戲劇中，透過不同角度的舞台呈現，要去深究表演者獲得觀眾喜愛的原因。不知道大家有沒有看過《麻雀變鳳凰》呢？身為中下階層的茱莉亞・羅勃茲，遇上了金融大亨李察・吉爾，有一回李察・吉爾打算給茱莉亞・羅勃茲一個小驚奇，他帶她去看了一齣歌劇，雖然從頭到尾茱麗亞・羅勃茲都不了解其中的台詞內容，但是，看到最後她卻哭得唏哩嘩啦，為什麼呢？

因為在歌劇動人的音樂以及劇情的編排下，她，心靈被「Touch」到了。這樣感覺很難懂對不對？舉一個例子來說，有些比較感性的人，有時候會看到別人隱忍著哭泣，身體在抽動，或是聽到別人啜泣的聲音，自己也會忍不住被影響，覺得悲傷的情緒，在體內忽然湧現，雖然對方從頭到尾沒有半句台詞，依然會被吸引住，產生了這樣的反應。

我統稱這樣的影響力，叫做「舞台劇效應」，當然不是每個人都喜歡看劇，或是就算看劇也不會注意到這麼多細節，那麼再換個角度說好了，從小到大，在家庭裡面，大家最依賴的是媽媽，平時你回家的時候，媽媽就算一句話都不說，只是單純看著你進門的腳步是否沉重，坐在沙發上，嘆幾口氣，就知道何時要遞上水果、喜歡的食物，想要討你歡心，就算兩人之間沒有一句台詞，旁人卻可以感受到母子間的愛。這就是舞台所「隱藏」的影響力，不透過台詞，卻能透過行為模式傳達訊息。

大家有沒有想過一個問題：身為舞台表演者，如果不說話、甚至抽離音樂，你可以傳達給觀眾什麼呢？大眾會因為看到了什麼而深受感動呢？身為一訊息傳達者，腦袋就是一個大電視，隨時都想好畫面，才能做出最動人的呈現！

化不經意為「正常」

在我們的課程中，除了教大家說話表達外，期待大家可以真正懂得「展現個人在場面中的優勢」。也就是說請大家務必要做到，站在人群中，就算不說話，也要充滿了畫面張力，這樣講，好像太複雜了點，對吧？我說說個人的糗事好了。

有一回我參加一個婚宴，當天盛裝打扮是一定的，儼然就是個國際巨星的主持人，千想萬想，我都沒有預料到舞台實在有點小，在介紹的時候，我居然滑了一跤！天呀！在300人面前跌倒，還真的不是大家都有的經驗，當300雙眼睛眾目睽睽的瞪著我，我依然按照自己的節奏，緩緩地站起來（心裡想著我就是在演一個跌倒的人）臉上掛著戲謔的表情，然後誇張地爆出一句：「真的好痛呦！想不到王東明也會跌倒！」

雖然這是突如其來的意外的，但是，我的表情是確認好的，動作是穩定的，不是驚慌失措，不是不知道手要擺哪裡，不是匆匆忙忙，一切都好像是理所當然的發生。在現場主持的時候，我們最怕遇上一種狀況，就是現場出現臨時狀況，比方說：說錯台詞、麥克風忽然沒有聲音，但是回歸我第一段問大家的，如果這些東西都沒有的情況下，你個人會展現出什麼樣的表現呢？這，才是真正的功力。

瞬間逆轉勝的關鍵

「觀念對了，方向就對了；追尋誰，就會有正確的信念。」一個好的舞台劇演員，之所以可以成為好演員，是因為他當自己無時無刻都在演；一個好的業務員，之所以可以不斷地創造新業績，是因為已經習慣了就算踢到鐵板，也能夠馬上轉化角度。

我曾經遇過一個有趣的朋友，他是一位知名的指揮家，有一回，他急著要上台，但是卻忽然找不到指揮棒，但是節目即將開演，台下觀眾早已坐滿，想不到他急中生智，居然找了一個很有趣的替代品，大家知道是什麼嗎？居然是一枝「衛生筷」，站上舞台的那一剎那，他揮舞著指揮棒的背影，絲毫不受限，我稱他為「連背都有戲的男人」，一切行為盡在不言中，值得被注視跟感受。

舞台表達的意境，有時不在於台詞的多寡，現場人員對話有多精采，只要觀念對了，扮演好自己的角色、方向，自然形於外，瞬間真情的流露，就能獲得各方的掌聲！

【東明老師五分鐘錦囊】

建議：有些人總是犯了太急於用言語表達的毛病，或許大家可以想想，如果今天我不說話，是不是一樣可以傳遞某一種感覺？利用行為取代語言，會讓對方留下更深的印象。

目的：太想要說服別人，反而容易讓自己陷入惶恐、困境，隨時準備好正確的心態，以不變應萬變，更顯功力。

3-8

從對方笑聲掌控互動氛圍

講話要打在「甜蜜點」上，如果不清楚對方的點在哪裡，只要大家都笑了，就能循序漸進打破人與人的藩籬，在整個流程中，拿回流程主導權。

在講師人生紀錄中，我曾經在同一個大專院校，但是不同系所，講過三場不同的演講，上課學生是不同的，一天下來，經驗豐富的專業講師，也會覺得疲累，要如何才能從場合中得到力量呢？大家都以為講師是奉獻（dedicate）的角色，但是，我們又是如何補充課堂上的能量呢？答案就是：觀眾的笑聲以及充滿光彩的眼神。

當然，不是每一種表達溝通都需要這樣的技巧，但是在講師、客座教授等特殊行業，常態性面對人群與學生，就有必要了解這樣的小技巧。在講師內訓中，我曾經問過學員們，一個新手講師，當單位窗口通知演講活動邀約，清楚時間、講題後，大家會如何開始規劃整場演講呢？

習慣業務簡報的學生回答：「我會先把我的商品重點寫出來，然後放在很多投影片上，因為我怕講錯。」

喜歡做企劃的學生回答：「如果時間很長，我想大家應該記不住重點，所以我打算找一個影片，讓大家先笑一笑。」

最後，工程師的學生也說：「如果是我，我應該就把研究方向、內文、未來規劃都放進去，這樣，能保證所有時間沒有冷場。」

聽完了以上三組來自不同工作人馬的建議，書本前的讀者們，你的想法又是什麼呢？我想的則是，如何在這些時間中，讓台下的聽眾「笑」。為什麼要先讓台下笑開呢？因為笑聲是全世界最受歡迎的共同語言，具有難以言喻的渲染力，而且是會累積能量的，不僅僅可以鼓舞觀眾，也會隨著笑聲次數越來越多，全場的氣氛越來越高漲，在歡笑中收尾，是演講表達的最高境界！

時間分配得宜，能讓笑聲不斷

在一個天晴好天氣，我受邀到好山好水的花蓮東華大學，在上百人的講堂中，講了三小時半的課程，這220分鐘裡，台下學生笑了幾次？間隔多久笑一次？講到什麼樣的話題，他們會笑……？大家相信嗎，以上的這些問題，其實我心裡都很清楚，因為「一個講師在舞台上的角色，不僅僅是演員、也是編劇、也是導演。」

想要編導一齣好的戲碼，時間分配得宜，絕對是吸引觀眾專注力，最重要的訣竅！以這一場演講來說，我會把220分鐘分成前中後三段，在前段將會有一開始的引導（比方說：一個笑話的開場、或一段逗趣發笑的影片）、中場的討論（在闡述時，只要舉例說明，可以穿插反差性大的笑話，開開互動同學的玩笑），最後絕對要保留重要發問時間，分這樣三個段落，大家有概念了嗎？

如果大家已經有了初步概念，我想要與大家分享：當分配了大架構的三個段落後，我們就可以開始鋪排流程了。假設以220分鐘為例，一開始的前段只是要暖場，所以可能只需要10分鐘的時間，讓大家先笑一下，氣氛緩和；中場的部分，比例比較重，假設有2小時時間，那最好是每隔15分鐘，或是看到觀眾席上有人快要度辜（打瞌睡），就講一下笑話。

最後，在要讓大家QA發問的時候投入，不要一講完就散場，沒啥特殊的方式，就要一直逗笑大家，讓大家離不開現場。此外，也要特別注意，如果遇上的聽眾族群跟我一樣害羞、內向，主導全場的講師要先準備「HAPPY ENDING」，幾個有趣的笑話是一定要的，這樣才能呼應前面的主題，讓整場活動留下美好的印象，餘韻無窮。

餘韻能夠讓人回味無窮

我想要請問大家，對於一場表演、一場演說，什麼會讓人產生「回味無窮」的感覺呢？在人的喜怒哀樂，哪一種感受大家會記得最清楚呢？答案絕對是肯定的，歡笑總是最讓人念念不忘。

笑聲的堆疊技巧，就像台語節目常常說：「歡樂的時光總是過得特別快，咻一聲時間就過去了！」對於講師、教授等專業授課人員來說，內容也許不如業務報告、商品表達來得有趣，偶爾也會被學生嫌過於乏味，畢竟，活動與專業演講所要闡述的內文概念是不同的，添加點笑料，能夠讓整場演講活了起來，更讓人有所得，甚至每回都想要聽同一個講師授課，成就學習的樂趣。後段的QA……很多學生舉手提問發言，過程中，也會有學校教授一起參與。

一個專業的演說家，絕對不是在碰巧得到稱讚，而是在每一個時機段落，都可以掌握台下觀眾反應；不是因為觀眾想要笑才笑，是這個時間點，他們一定會笑，這個動作他們一定會有反應，就像全民大悶鍋的演員們，每一個橋段出來的時候，每句話都打在「甜蜜點」上，收視率才會一直長紅，如果只是亂槍打鳥，無法利用笑聲做出渲染力，不論演說多精彩，也不見得能夠深得人心。

【東明老師五分鐘錦囊】

建議：什麼是說話的甜蜜點呢？就是逗人發笑的時間點，要抓準這樣的時間點，上台前就要針對本次聽講的族群年齡別、工作別做事前的功課，畢竟，年輕人可能聽不懂老人家的笑話，而工程學系也不了解文學系的浪漫是一樣的，時間編排、笑料內容準備是非常重要的基本功。

目的：讓整場演講透過笑聲的渲染力，提升講堂的印象，產生餘韻效應，也讓許多生硬的素材，變得有趣好吸收，成為受歡迎的講師。

3-9

「真的！」五種語氣肯定法

利用聲音表情，適時的加點重音，是讓說話表達更為準確的小技巧，重音就像人的食指，指示對話中的節奏感，光憑簡單用語，就可以創造出不同的氛圍。

蘇聯著名的戲劇家斯坦尼斯拉夫斯基說過：「重音就像人的食指，指示著節奏中或句子中最重要的詞。」這句話是什麼意思呢？在舞台上，除了前面章節所提到的動作、肢體以及種種表達方式外，還包含了最重要的「台詞」。以前我在擔任大專生院校演說表達評審的時候，每回看到同學們表演，都非常驚艷！因為現在的孩子創意十足，對於舞台活動流程的規劃，都超乎我們以前那個年代的水準，可是想要領先群雄，獲得勝利，卻往往是在小處用心。

大家猜一猜，在創意、肢體之外，勝出隊伍的差異性在哪裡呢？絕對不是因為他們用美色誘惑，或是要請喝咖啡（這些是開玩笑的），主要的差別在表演「台詞對話」時的方式。這樣說大家一定還是一頭霧水。舉例來說好了，如果一個男生語氣平平地對女友說：「你—好—漂—亮。」跟「你—真的（重音）好漂亮！」哪一個會讓女朋友感到開心呢？而在講「真的」兩個字，是不是讓聽的人感覺較為輕快呢？

如果聽到這裡，大家是不是有比較清晰的概念了呢？就像我們當年國小在學國語符號，國高中學習英文一樣，重音的所在，一般就是說話者所要突出的重點所在，如果強調重音的位置有所不同，也就代表所以表示的語音，跟情感強度也會有所差異歐！

一起說「真的」

如果大家還抓不準重音要如何應用，就一起來練習說：「真的。」在自信講堂上，有一段有趣的練習，我們會邀請兩位學生到台前對話，其中一位A學生可以開心的問任何問題，但是B學生只可以用「真的」兩個字回應，作為重音的基礎練習。

比方說，A學生說道：「我覺得你今天的外型很搶眼。」B學生則要回答：「真的？」B學生在這裡的語氣充滿疑惑，「的」字的語氣要上揚。

當A學生又說：「當然呀，我跟你這麼多年朋友有騙過你嗎？」B學生則回答：「真的。」因為語氣充滿確定，所以「的」字的語氣要肯定。

當A學生又說：「難得今天萍水相逢，這麼有緣份，我請你吃大餐，好嗎？」B學生太開心大叫：「真的！真是太棒了！」

透過以上的對話範例解釋，大家是不是對於「重音」與「聲音表情」的運用，有更深一層體認了呢？透過不斷地練習，當句子變長的時候，大家也會不自覺斷句、不自覺加上重音，就像相聲表演一樣，不用透過肢體跟表情，聽者的感受度自然而然不同，越是重視這些小細節，越能顯出個人的特色跟差異化。

讓說話有響亮的放大點

當說話語氣有了重音的加持，就有了響亮的放大點，可是若重音放錯位置也會出現搞笑的錯誤歐！舉例來說，在大專院校演講的時候，有一位學生不小心放錯音樂，結果教官跟值星小隊長先後跟他說：「你呀，怎麼又出包了呢？」但是同樣一句話，教官把「你呀」拉長又響亮，小隊長則是把「又」這個字加重音，所以同學聽起來的感覺也完全不一樣。

聽完教官這樣說，犯錯的同學靦腆地微微笑，頭低低有點愧疚；但是聽到了小隊長這樣說，這位同學卻怒目相視，忍不住說：「哪有！這是我第一次出包。」就因為重音的位置不同，聽者也會有不同的感受，教官是長輩，雖然語意有點責怪，但是帶有一種親切感；但是同輩之間，又大剌剌地指責，讓人不由得會產生反抗的心態，大家說是嗎？

事實上，我們每句話中的重音，也代表了「放大情緒」的作用，想要傳達什麼樣的情緒，讓句子中段落重音響亮，讓語句有節奏地傳達給對方，才能達成預期的效果。

【東明老師五分鐘錦囊】

建議：如果大家不知道語句中的重音要放在什麼位置比較適當，請拿報紙文章來練習，先拿紅筆圈起來，強調這是這句話的重音，很多廣播主持人在讀稿前，都會運用這樣的方式。

目的：說話語氣需要經過調整練習，才能夠精確地傳達出當下的情感，也增加個人聲音的辨識度。

LESSON 4

自我改造第四部：
故事力

4-1

每一場對話，都是一場表演秀

說故事就要就要說出畫面，整理稿子的時候，不要逐字寫出來。每一場對話，都要讓人有身臨其境的感覺；每一段文字，都需要有「關鍵字」提示，才能創造豐富而多元的表達。

不知道大家有沒有欣賞舞台劇或是相聲的經驗？在課堂上我都會先問問學生個人的經驗，以及想法。「每一齣戲碼都在說故事，最吸引人的也是故事的說法。大家看過哪一些呈現方式呢？故事想要說得好，要有哪些功課要做呢？」全場學生每個人都轉動著眼神想破頭。

學生A說：「我喜歡看一個人的獨白，當鎂光燈打下來的時候，主角很像有很多內心話想要訴說。」

學生B說：「最精采的部份，應該是舞台劇的對手戲，因為一來一往的闡述立場，台下觀眾才不會無聊。」

學生C說：「舞台劇的場面浩大精采，燈光、舞蹈戲劇驚人，舞群出場的時候，就已經訴說了很多不同的故事背景，讓人目不暇己。」

聽完了以上三位學生的話，大家對於故事的呈現方式，有沒有什麼新的想法呢？在課堂上常與大家分：「企劃是編劇，主持是導演，燈光音效是靈魂，而優質的企劃與最佳詮釋的演出，就是對話的精隨。」我們常說說話之前要先想過，每個人都猶如自己對話的編劇，鋪排整段對話應該怎麼樣說？流暢度為何？效果為何？才能有最佳的詮釋跟動人的效果。

當畫面的編劇，先把「重點」放前面

大家想一想，以前在學習寫作文的時候，國文老師都會用什麼樣的架構來說明文章的寫法呢？多數的人都應該會記得「起、承、轉、合」這四字訣吧！對話是文章的3D動態版本，所以，在規劃台詞的時候，當然都會用文字來規劃架構，既然如此，鋪陳好對話裡的起、承、轉、合就變得非常的重要囉！

在這段課程中，我們依然要發揮想像力，請大家把自己當作一個舞台劇的編劇，當你要闡述一段過程或是介紹一個商品的時候，大家會先講哪一段呢？舉一個例子來說，有一回我請一位作家，講述一段自己個人記憶深刻的「糗事」，她說：「我記得國中的時候，當時我們住宿在學校，有一回我跟同學一起去學校福利社買東西，但是走到階梯上跌倒了，旁邊有很多人在看，我覺得非常丟臉，所以站起來，拍拍手跟腳上的灰塵，假裝沒有事，繼續往前走，但是回到宿舍看到熟悉的同學，忍不住大哭了起來。」

這是一段平鋪直述的說話方式，哪麼在文章中，哪一個部分是「起」？哪一個部份是「合」呢？以下是我們的分析。

起—國中的時候住在學校

承—跟同學去福利社買東西

轉—跌倒了

合—回到宿舍放聲大哭

好的，請問大家，如果你是這齣舞台劇的編劇，會選擇哪一個部份要優先呈現呢？要把對話跟故事講好，要先懂得分出架構，才能找出吸引人聆聽的差異性；如果先講「轉折點」，我們會這樣說：「有一回我跌的很誇張，超級糗！大家知道發生什麼事情嗎？」用轉折點吸引大家注意；如果要講「結論」，我們也可以這樣說：「發生糗事的時候，很多人都會大哭，我也有這樣的經驗。」用結論跟大家同理心互動，這樣換來換去的鋪排，說話是不是也變得有了畫面，且生動許多呢？

請大家想想，如果一個人在表達的時候，老是用「起承轉合」的陳述方式，聽眾聽久了，會不會感到無趣呢？所以，建議大家可以在說話前，先把說話變成文字的架構，利用說故事方式，行銷個人的經驗法則！

把故事簡單化的「漏斗」原理

我的學生們都非常熱情又用功，加上舉一反三的能力很強大，所以在提出了說故事的架構之後，他們馬上問我：「有沒有把複雜的架構變簡單的方法？」因為大家對於學習有著滿滿熱情，我也馬上分享了獨創的「漏斗式歸納法」。

什麼是「漏斗原理」呢？大家都有看過漏斗吧，就是上面開口大，最後穿過漏斗後，會細細歸納出來比較精華的重點。因長期整理規劃不同的活動企畫與聽眾產生共鳴，為了把故事說得精采，且產生互動。主要技巧就是「整理重點，說中點」要每天蒐羅的資料整理出主要的訴求重點，用重點講中對方心裡的點，以下就是學生的案例。

我有一名學生是「兩性」作家，在我與她對話的時候，為了讓她對於相關的話題有共鳴，在整理聊天素材（大範圍資料蒐集，如漏斗的大口），舉凡看到的新聞、音樂、偶像劇，我都會剪貼下來，放在電腦資料夾裡⋯，只要是跟「兩性」議題就會特別篩選出來，就如同經過漏斗的小口，這些即可作為創造話題的題材，透過把原本相關的20個素材，減量為5個，再運用臨門一腳的功力，變成2項重點，可以避免掉對方不想聽的狀況。

透過這樣的素材整理，我們就能夠輕輕鬆鬆在對話的過程中，不會跳脫對方有興趣的話題，也可以增加對話架構中的豐富度，俗話說得好：「工欲善其事，必先利其器」，想要把對話架構呈現得優質且圓滿，就要先把善用腦袋裡的分析工具，常常做這樣的分析練習，自然而然，每一場對話都會變成最精彩的故事！

【東明老師五分鐘錦囊】

建議：每個演說人都應該有企劃腦，有編劇的靈魂，做功課蒐集資料的時候，就要想好講述時，畫面應該要怎麼鋪陳，才能把原本簡單的原理，講述的精彩。在表演題目的過程中，首先，應該建立共鳴點，利用漏斗原理，把關鍵文字挑出來。接著將這些篩選過的素材放到「起承轉合」的文章架構中，最後，才能挑選要對話時要鋪排跟呈現的方式。

4-2

糗事說得含蓄，喜事要說得精采

說故事的時候，千萬要「因事制宜」，故事不一定要都要講得非常精采，要體貼聽眾的心情，注意正確的字眼跟語氣，免得弄巧成拙，反而講得越鉅細靡遺、越發讓人厭惡！

我們常常聽到有人說：「見人說人話，見鬼說鬼話」，比照之前的慣例，問問課堂上的學生，這句話是正面的形容詞？還是負面的呢？請大家想一想，學不少學生會說：「老師，這句話不是拿來損人的話嗎？」事實上，用正面的角度去思考，真正一個八面玲瓏、懂得說話術的人，才能真正的識大體、識人、識場合、識事件而發表言論。

有很多學生是從事業務性質的工作者，學生上台演練的過程中，除了要求大家要把故事說得精采外，也會探討「個人形象品牌行銷」的狀況，舉凡服裝、平常的應對進退……等，因為互動熱烈，學生都會主動詢問我的專業意見，在分享的同要更有「人味」，說話，不能只是就自己的角度出發，傾聽主角說話，連主角的背景、感情都要考量進去，站在對方的角度看待事件發展，也能在講述過程中，更為貼近人心。

有一回，遇到一位學生是保險業務員，剛好最近他遇上了一些感情的狀況，並不是那麼順利，某一天，心情不好來到台中辦公室，在協助學生放在心胸的過程中，剛好現場有其他類似經驗的同事，高談闊論地說道：「這些事情我都遇過了，沒什麼啦！有什麼好難過的！我跟你說，我的故事……」看著這位分享得興高采烈的同事，心中有許多的疑問，這位同事雖然說得都是事實，但是因為口氣跟態度不夠體貼，讓他人聽來相當不舒服。大家想想，情傷的人已經夠難過了，這位同事喜悅且興高采烈地說話方式，對方會感到舒服嗎？還是覺得相當的刺耳呢？後來，我默默點了電腦的MP3，傳出一首療癒情傷的音樂，希望可以撫慰這位學生受傷的心靈，也緩和辦公室裡的氣氛。

「不對的字眼跟口氣，往往會讓一段很簡單的述說，流於八卦與是非。」

往往誤會、爭吵，都不是「講」的內容不對，而是「說」的口氣不對；我們在表達的時候，常常過於注重事件，會忘了「聆聽對象」的重要性，說話是3說給人聽，顧全現場所有聽眾的感受，才是最為重要且圓滿。

說話有感，才不會聽完無感

說話，需要適時調整事件不同，發揮不同的感受力，再將感受良善而正面地傳達出去。當我們接收到一些訊息，不僅僅單純是一個事件，需要花點心思去感受、體會、思考，再用正確口氣、聲音表情、肢體動作、甚至眼神，傳達出去適度的關心，經過這些在腦袋繞過的繁瑣步驟，才能傳達「合乎情理」的感受，先照顧對方的心，說好話，才能開出美麗的花。

有個女性朋友跟我說，她與她年邁的老母親，以前感情很好，但是最近搬回家住，卻老是吵架，問我有沒有什麼建議。我好奇地詢問：「怎麼了？妳平時對外面的人也很是能言善道，怎麼會這樣呢？」她才娓娓地跟我說了兩人互動的經過，原來媽媽年紀大了，常常會有很多不為人知的痠痛，有時候不發一語坐在沙發上，但是這位女性朋友，平常說話就是嘻嘻哈哈的態度跟口氣，不懂察覺人的臉色，常常當眾人面前說：「我媽媽現在已經老了，都不愛理人。」

雖然是開玩笑，但是老人家聽完並不覺得好笑，只覺得自己老了就被嫌棄，每每都為了這樣狀況生悶氣。

聽完上述的故事，大家有什麼樣的想法呢？如果有跟老人家相處過的經驗，一般來說，上了年紀的老人，因為身體的功能退化，也因為這樣的狀況，伴隨而來強大的失落感，常常在他們身邊的兒女，沒有感同身受，以前開玩笑的話，現在一樣笑笑鬧鬧地亂講，沒想到老人家的身心痛苦，反而，有可能會造成傷感情的狀況，想要撒嬌竟會變成「嫌棄」父母，這就是「說者無意，聽者有心」的狀況。

因「事」置宜，適度丟球情境引領

在婚禮主持的時候，每位主持人都會經歷過事前排練流程，在流程中，我們都會事前知道婚禮上，哪時候該講述有趣的故事、何時又該講述感動人心的故事，為了讓婚禮上的氛圍可以營造得當，事前排練時，一個專業主持人，都會考慮到受訪者的說故事能力，適度的丟球給對方，就像下述的狀況一樣。

比方說，在婚禮進行中，我們在一開始的時候，我們請新郎新娘講述認識的經過。

主持人訪問新郎：「請問新郎跟新娘怎麼認識的？」

新郎面無表情地說：「是同學。」

主持人此時就要穿插曖昧的表情，反問：「那是夜間部同學？還是日間部同學？」

透過主持人的丟球，讓現場觀眾感受到這段事件的有趣程度。

相對的，如果是在婚禮上講述感謝父母恩情的狀況時，如果新郎跟新娘都屬於比較理性或是大而化之的人，可能現場就不容易產生感人的氣氛，這時候主持人也可以順勢提醒一下：「聽說女兒都是爸爸上輩子的情人，爸爸一定非常捨不得，不要忍耐，牽起女兒的手交給女婿，未來會好好照顧她。」把語氣跟現場氣氛作補強，也是一個懂得掌控現場氛圍的主持人，重要的工作。

透過前兩段的故事跟情境分享，這章節我們只想要強調一個重點，事件本身是單純的陳述，但是透過對的口氣，加入感同身受的講述，才能喚起聽眾正面的回應，如果老是搞錯說故事的場合跟語氣，就算是一件單純敘述一件好事，也很有可能樂極生悲。

【東明老師五分鐘錦囊】

敘事透過聯結，可以創造故事的合理性。建議在說任何故事前，首先要想想跟觀眾有什麼樣的連結性，在講述的時候，故事中的主角有沒有在現場，多數聽眾是什麼角色，有沒有與這件事情相關聯，會不會傷到人？或是有何錯誤的聯想？先想好再說。此外，在講述故事過程時，不要有過度修飾，否則容易造成聽眾的不信任，以貼近人心感受為故事主軸。

4-3

利用「關鍵字」打通人際任督二脈

致詞要講重點，發言就像迷你裙，小故事大啟示，藉由故事串場言簡意賅，找出演講內文中的「關鍵字」，更能讓任何年齡層、不同背景的聽眾，都能夠在長時間的聽講中，清楚明瞭。

這個章節，我們提到故事力，想要問問大家，大家認為要發揮一個故事的影響力，要多少長才夠呢？是不是故事說得越長，對於聽眾的影響力就會越深呢？不論大家心裡有什麼想法，都請先放下，先聽聽以下的分享。

在親子暢銷書《美國媽媽教自信》一書，書裡提到了台灣媽媽對於掌控孩子的表達能力，非常重視，也因為這樣，總是期待孩子可以把文字內文從頭到尾，一字不漏的背下來，連中間少了幾個字，也會斤斤計較！相對地，國外的父母在引導孩子表達時，大多不給他們規範以及限制，只會大範圍地給孩子一個主題，任由孩子發揮想像力，不著邊際的聯想，最後堆疊了一個個天馬行空的故事。讀到這一段，讓我有很深的感觸，大家發現了嗎？這兩種表達訓練法長遠來說，會有哪些顯著的差別性呢？

多數家長總羨慕外國孩子的獨創性高，望子成龍、望女成鳳，發展出領袖的人格，在提出來的見解方面，都能創意十足而且充滿自信，反觀目前國內的教育環境，孩子總是擔心自己說錯、做錯不夠完美，為何會這樣呢？身為一個專業的表達能力訓練師，我想要跟大家分享一個學員的故事。

前幾個月，我非常榮幸地陪同一位國二生的人生轉折點，Ricky代表通過國內國中學生競賽，有幸接受國外實驗科學展甄試，天下的母親都望子成龍，求好心切，黃媽媽聘請了專業的表演訓練師，也租借了有鏡子的排練教室，讓兩位孩子在上場前可以得到充分的練習，事實上，這一次的簡報相當專業，幾乎全場都是英文解說，內容也是科學競賽的內容，稍嫌枯燥乏味，一般人如果不仔細聽，恐怕很快周公就會找你聊天囉！

當然，除了表達方面的專家，學生媽媽也邀請了一位非常資優的清交大學生作為孩子的家教，特別針對簡報作檢討，雙管齊下，在大家多方的努力下，兩位小朋友上了台，文法正確、解析完整，照表抄課，越來越有模有樣，卻感覺上缺少了一些東西！當下我敏感地察覺，應該是缺乏了表達上的「出奇制勝」！

運用「關鍵字」串起黃金點線面

老實說，我的英文能力並不是一等一，想要通盤理解孩子的專業簡報素材，可能要從查字典，再找個翻譯之類的，但是，透過孩子的表演，我馬上詢問了幾個篇章中，簡單英文的「關鍵字」，孩子開心地告訴我說：「這是一個關於水資源、地球生態、解決缺水危機的科學簡報。」

大家想想，聽到這些關鍵字，腦袋瓜子裡會有什麼樣的聯想呢？想要創造故事的獨特性，就要靠孩子的想像力。於是乎我利用黃金點線面的聯想法，請孩子學習如何去將這些關鍵字組合與應用；將許多個關鍵字聚在一起，透過彼此的連貫及安排，形成線與面，進而連結成一個「水資源」的故事。

我問道：「請問缺水的時候，生活會有什麼樣的不方便呢？」

孩子們開心地說道：「缺水時，會沒有水沖馬桶，也有可能魚會死掉，加上大家沒有水喝，會渴死，所以我們才提出珍惜水資源的方案。」有了這些素材，我們開始在開場的兩分鐘，做了妥善的運用，利用故事情節，串起這個簡報議題，首先，孩子們演了一個正在上廁所卻沒有水的窘境，一尾在岸上垂死的美人魚，以及拿起寶特瓶卻沒有水喝，馬上渴死的人們，有了這些片段，開正式開始複雜的議題。

以上的調整，都是透過「關鍵字」聯想，簡短的故事加持，是不是讓人對這次的簡報新創意，眼睛為之一亮呢？後來，這次的表演訓練，也確實讓孩子奪得了國外的科展名額，大家都欣喜若狂，有效的教學方式，往往可以有畫龍點睛、錦上添花的奇特效果！

懂得方法，進而掌控時間有效訓練

進一步來說，懂得「關鍵字」運用，除了創意聯想的效果奇佳，對於掌控時間也是相當有幫助！怎麼說呢？以上述的Ricky的例子來說，那天晚上因為場地關係，我們只有三個小時的使用時間，孩子也上了一天的課，相當疲累，顯得興趣缺缺，加上冗長的英文台詞，想要把握練習情緒跟有效學習氛圍，就要靠「關鍵字」拉攏所有活動配合人員的人際關係。

就像我們去參加喜宴，如果每次致詞人講話都像老太太的裹腳布又臭又長，聽的人也會越來越不耐煩，所以懂得利用「關鍵字」可以減少相當多的時間。一般來說，我都是這樣分配的，初期訓練的第一小時，首先以調整心態為主大方向，所以，這段時間我只會跟對象閒聊一下主題重點，開始擬黃金點線面的故事；第二小時則開始針對第一次提出的「黃金點線面」調整大方向的結構；第三小時要成為「專業教練」口吻，在有效時間內提升專注力，做關鍵字的加強，以Ricky的例子來說，最後一小時，我們不斷地重複練故事情節，孩子們演得很開心，而台下的觀眾也容易理解簡報議題，拉近「主題」與「觀眾」關係的速度也變快了。

總歸一句話，有趣而簡短的創意故事是拉起人際關係的調味料。優質的表達訓練，是透過聯想力而發揮獨創性，不少家長都希望孩子可以高人一等，目光卓越，卻沒有想到創意是從平常就要練習，而照表抄課往往會扼殺了孩子的創造跟想像力，父母也可以常常用關鍵字的方式，在家跟孩子做互動，對於孩子的基礎表達訓練，會有很大的幫助。

【東明老師五分鐘錦囊】

想要提升關鍵字的聯想力，可以利用報紙上的大標題，剪下標題作討論，請大家練習組織成一個完整的故事情節，花2～3分鐘講述，再邀家人一起聆聽，可以強化信心。

4-4

把握當下的感動，來場「即興演講」

不少讓人感動的片刻就像火苗，如果可以借力使力。透過第三者的人物、事件、畫面，來上一場簡短而感性的演說，可把感動火焰燒得更熾熱，多年之後，回想起來讓人懷念無比，這就是感動行銷。

在婚禮現場，有時會遇到一種狀況，女兒輕輕地把手帕遞給爸爸，這個小小的動作，往往一切盡在不言中，如果剛好男女朋友坐在旁邊，此時，馬上求婚成功的機率是不是比平常高許多？更甚至，當我在逛樣品屋的時候，坐在軟綿綿的沙發裡，全身放鬆地看著電視，此時如果銷售人員走過來，與我分享上一個客人的故事：對方辛勤工作，換來一個溫暖的家，這樣與我類似的遭遇，深深打動我柔軟的心，忍不住也想拿出訂金來下訂了！

當什麼都不說的時候，才是感受到人們真正的「需求」，觀察對方的表情、眼神，一切盡在不言中，用心感受對方的感受，多一些溫暖的詢問，然後順著對方的感受說道：「我能理解你的想法，因為曾經遇過這樣的狀況……」掌握外界時機，創造不期而遇的感動，是不少行銷人員慣用的方式。

在另一章節裡，我們有提到幫商品說故事，兩者技巧上最大的不同，就是在這裡想要行銷商品，完全不用「說」，只需要在感動的火苗升起時，適時地添入一些柴火，心中的慾望之火，就會熊熊燃燒，把握當下，懂得拿捏狀況即興演講，可以拉高成交的機率。

借力使力不費力，「蒐集」過程很重要

在課程中，很多很認真的學生，除了學習表達、懂得說話技巧外，更想要取得我腦袋裡最有價值的東西，哪是什麼呢？就是經年累月下來，蒐集資料時的思緒敏捷度。

我常常跟學生說：「做功課」總是會讓你胸有成竹、自信加分。當廣告公司在使用情境感動行銷的時候，一定不僅僅是把樣品屋布置好，還會優先了解

購屋族群的屬性，是男性為主？還是女性優先？現在有購屋能力的年齡層落在幾歲？這些人都喜歡什麼樣風格的屋型？藉由這些資訊架構起來的「樣品屋」，可以節省很多解說的力氣，服務人員只需要懂得察言觀色就好了！

然而，所謂的「情境」是可以透過人為因素作佈置。在我製作婚禮企劃的時候，也常常運用這樣的手法，比方說：在布置會場的時候，要優先想好，要使用什麼樣的花束？在收禮台可以放哪些具有紀念性的照片？兩人認識時，有什麼樣的特殊歷程？利用這些素材，讓所有與會的賓客，可以感受到「新人的獨特性」，此時適時地加上司儀的口白介紹，賓客們對於婚宴的新人勢必會留下深刻的好印象。

利用「小物」跟畫面，讓餘韻永留存

從上述的介紹，我們不難發現，如果想要掌握「即興」「即時」兩個重點，就需要事前醞釀好的情境環境，留下一些伏筆。譬如說：我在婚禮主持的時候，為了讓婚宴的餘韻留存，往往會利用婚禮小物的贈送，或是運用現場播放的相關畫面，搭配上適合的音樂，配上口白跟小故事，讓人為這段活動，留下完美的 Ending。

多年前我看過一部電影，叫做《楚門的世界》，在這個世界中，因為是真人表演，十分貼近一般人的生活，所以容易取得共鳴，現在很多人都會運用網路影片，讓大家產生共鳴度。**今天我出席了一場婚宴，拍攝下一個孩子學說話的過程，將他上傳到網路上，讓大家因為看到了畫面，**而引起的討論話題，開設關於說話自信的一長串討論，也可以達到情感行銷的效果。

網路工具是一項多元又好用的感動行銷工具，因為除了圖片之外，我們還可以運用「影片」「聲音」檔，找到與對方聊天話題的共通性，如果大家是屬於業務人員、活動企劃等工作，你卻不善於情境引導，不妨多多運用這樣的小工具，適時地補上幾句話，就能事半功倍，在智慧型手機風行的今日，掌握感動行銷真的非常重要！

【東明老師五分鐘錦囊】

平時就要多多蒐集讓人感動、容易引起共鳴的小故事以及圖片等等，且做好資料夾的分類，對於想要分享的對象、興趣，也要有通盤的了解，當對方有所反應的時候，適時搭配小故事，才能有一氣呵成的感覺。

4-5

幫新朋友「編」故事，人際關係大加分

人脈是現下社會裡重要的隱形資產，在介紹朋友認識前，應該找出「個人特質」的獨特性，當作引薦的工具，建立人與人之間的好奇、良性互動的橋樑。

長期接觸活動的企劃以及主持，多會遇到介紹來賓進場，以及引薦朋友認識的情況，朋友有感於臉書上的互動，跟平日接觸，常常會好奇問我說：「東明，為什麼你的貴人這麼多？」不可否認，想要累積好人緣，且化小人為貴人，確實有一些眉眉角角要注意，我思考了一下，想要將人生歷練的所得，跟大家分享。

在開門見山分享前，還是想要請大家先檢視個人平常的行為模式。我想要請問大家，平常在介紹親朋與好友認識的時候，都會採用什麼樣的方式呢？

有個已婚的女學生說：「我會跟第一次見面的親戚說，這位是我二伯，這位是我先生，大概就這樣。」

一位資深的經理人說：「可能會說，這位是我二伯是從事營造業，這位是我朋友，目前在XX公司擔任經理，已經做很久了。」

一個還在念書的大學同學很可愛地說：「HELLO，這是二伯，這位是我親愛的阿娜達！要當好朋友好好相處歐！」

看看以上三組人馬的介紹方式，請大家回想一下，自己平常介紹他人時，比較偏向哪一種呢？是第一種？第二種？還是第三種？還是以上皆非呢？如果是我，多半會這樣引薦：「二伯，這位就是我常常跟您提到，在業界相當富有名氣，而且非常年輕就當上經理的同事；而這位就是我家那位成就驚人，但是為人相當風趣的二伯，今天有機會介紹兩位認識，真的是太巧了！果然一切都是緣分。」當然，引薦跟介紹的方式有分成非常多種，不見得要依照某種特定的方式而進行。

課堂上傳授的一切，沒有對或不對，只有結果不同。透過不同的應答方式做比較，相信大家可以得到比較多的感受，以上三種回答與我的回答有什麼差異性呢？除了我的回答裡，字數比較多之外，是不是讓人感到親切、資訊豐富以及拉近雙方的距離呢？我們要先設想，雙方對於彼此都是相當陌生的，此時，中間介紹的引薦內容就變得格外重要。

好奇心開啟一扇「主動求知」的門

好印象是踏入社交圈的重要門檻，優質的引薦是打開好印象的主要鑰匙，有鑒於網路的發達，近年來更認識了不少人生的貴人，而貴人往往值得更重要、更巧妙的「說話術」包裝。

身為一個專業的舞台表演者，我總是不停地尋找成長的目標，從不停歇。為了要提升自己變成跟郭天王一樣，連背影都充滿了戲劇張力！於是，開始在網路上搜尋哪些舞台表演者，具有這樣的特質，譬如說：指揮家、鼓手，於是在因緣際會下，我在網路上遇上這位與眾不同的指揮家。

透過不少的關係，終於讓我聯絡上對方，且有機會前往高雄欣賞於九天民俗技藝團的表演，隨行與一位作家朋友一同前往，在搭乘高鐵的路上，我們聊起了參加這場活動的緣由，我緩緩地提到：「讓我太感動了！在網路影片中，對方指揮時背影的震撼力，驚為天人！有幸在台中跟他碰上一面，更訝異於他極具戲劇性的人生歷程，真的是個相當有趣的人！很值得我衝到高雄再見他一面！」語畢，只見身旁的作家朋友連忙打開手邊的筆記型電腦，即時就搜尋起這位指揮的資料，看來這一番有趣的緣起，成功引起了這位朋友的興趣，大家說是嗎？

總而言之，好奇心可以殺死一隻貓，也可以引領人進入無限大的想像空間。很多人喜歡閱讀偵探小說，在作者筆下因為有層層關卡堆疊中，更容易讓人想要知道過程跟結局，如果一開始說破結局，這本小說銷量還會好嗎？人類的原始慾望中，總是有很多很多的好奇心，想要創造引人入勝的故事，不妨從建立「反差」開始，比方說：這個人平常很邋遢，但是一上台驚為天人！從好奇心的引導，開始對於見面有所期待，由中間人所引導出「滿心期待」的心情，足以讓人充滿新鮮感，猶如戀愛中約會般的快樂，也能促進見面後的好印象。

「T-UP」技巧 搭起高度的橋樑

除了利用「人物的反差性」引出大家的好奇心外，進一步，更要拉抬雙方的高度。俗話說：「龍交龍，鳳交鳳」，在社交圈裡，如果能結交不同領域的能人異士，未來也許有互相幫助的機會，所以，適時拉抬引薦對象的資歷，也是相當重要的。

相信大家都聽過這句名言：「在別人身上灑香水，自己也會聞到香味」，懂得幫引薦對象編故事的人，才能獲得大家的喜愛。在這個章節中，我們要提到一個在業務工作上，常常使用的小技巧「T-UP」要介紹的對象，譬如說，有一位A同事想要把B公司主管，推薦給C朋友，在這三位的關係中，因為要強調B主管的專業程度，以強化B對象的社會地位。

事實上，在主管B跟朋友C，尚未見面前，A同事就要常常在朋友C面前美言：「我們經理以前去國外留學過，對於工商管理相當專業，更在業界已經有十多年的經驗，加上他都是白手起家，實在令人佩服！」諸如此類讚美方式，將個人專業經驗累積成一個個新奇的創業故事，讓朋友C產生仰慕跟共鳴度，先做好這一層的「能力故事化」，之後，不論在哪個場合、時間有機會碰上一面，朋友C對於主管B已經產生先入為主的好印象了！

在工作職場上，總是寧可多一個貴人，也不要多一個小人，要養成誇獎不在場的第三者的好習慣，在職場上流傳著一句話：「地球是圓的」，換言之，就是告訴大家，在社會上的人際關係總是山水有相逢，只要把握「多說好話、少說是非」的原則，就能常保好人緣。

【東明老師五分鐘錦囊】

在引薦時運用故事力，必須先把握幾個重要的原則：首先，先搞清楚引薦對象的角色、背景資料，以及引薦給誰，兩者之間有無合作、衝突關係等評估。

第二、包裝人脈的故事，多以「形象加分」的內容為主，避開言語上的地雷區。

4-6

讓商品有故事，激出好人氣

商品靜置在櫥窗內，如果沒有櫥窗設計的好巧思，平面廣告的好故事，商品依然只是一項靜物，無法產生共鳴，創造購買慾望，透過幻想畫面營造，以及語言的述說，讓人目不轉睛，愛不釋手，就是故事行銷的力量。

請問大家記憶最深刻的廣告畫面是哪一則呢？腦海中閃過的畫面，又代表了哪一類型的商品？根據網路統計，目前具有感性訴求的形象故事廣告，最能讓人產生共鳴。

因廣告播放一直隨著時間、季節在變化，所以，我們列舉幾個常見商品的例子，比方說：某某電子的廣告。在逢年過節的時候，畫面裡傳來買電冰箱壞掉了，媽媽沒有錢可以買，最後主打可以「分期零利率」揪感心。電器用品什麼時候會被換掉呢？當然是壞掉的時候！但是，老人家都很節儉，往往都是壞了還是修理一下繼續使用，到了逢年過節的時候，如果看電視時看到別人家的故事，電冰箱「又」壞掉了，最終投射到自己身上，也忍不住想要買一台回家，這就是「感受力」銷售法。

之前我看過一本書《FU對了，就暢銷》封面是一隻貼了OK蹦的小熊，大家看到封面就馬上被吸引，一隻看起來像是瑕疵品的小熊，本來應該是被清掉的滯銷品，後來聰明的行銷人員，給了OK蹦小熊下了一個很棒的slogan：「你願意跟不完美的我，當朋友嗎？」不完美也變成了另一種特色。在故事力的章節裡，我們要跟大家分享的是，不論任何的商品，如果只是放在櫃台上裡，就是只有實用性的功能，大家考慮到的只有好不好用？可以使用多久，但是如果可以找出商品的特色，幫他編出打動人心的故事，就可以提升消費者對於商品的感性訴求，創造原有商品的價值感。

「人」也是一種商品，找出商品特性說故事

只要具有品牌形象，都可以歸類成一種商品，其中「人」也可等於商品。以我作為商品的例子，大家都常常聽到這段自我介紹：「王東明是兼具理論跟實戰的老師！我的故事可以從賣滷味開始說起，……」當這項商品訴求變多元了，也比較能夠吸引更多的消費族群。

聽到這裡大家是否有「商品故事化」的概念了呢？如果還是不太清楚的話，拿最近輔導的案例來跟大家做分享。在個人品牌諮詢的個案中，有一位在人資界歷練相當久的專業HR人員，想要轉型為專業「講師」，銷售的商品就是「課程」，除了要適當地打點對方的專業外表，也要找出學生願意付費上課的銷售賣點，首先，當這位學生來找我的時候，履歷表上閱歷相當豐富，在大公司擔任人資主管將近十多年，看過上萬份的履歷表，這就是「商品特性」，所以，面對失業率高的就業市場，我們一起討論後，找出這樣的故事：「張先生閱人無數，等於是一部活動的**履歷雷達檢測機**，舉凡任何履歷經過他的面前，就能一眼被辨識，有能力的人不見得會寫履歷，履歷寫得好的不見得有能力，能夠

被看過上萬份履歷的雷達眼掃射過，才能找出最適合自己的職涯規劃！」

有了這樣的文字介紹，接下來就要構思畫面！大家不妨也一起動動腦，如果要設計張先生演講課程使用的海報，會是什麼樣的圖片呢？腦海中是不是一直出現專業講師雙眼冒雷射光的畫面呢？不僅僅結合了他專業的資歷，個人特色也相當明確，掌握了個人風格的話題性。

知名度不等於人氣王 貼近人心永留傳

商品有了故事包裝後，往往可以製造豐富多元的話題，讓人討論，就像之前偶像劇《我可能不會愛你》，大家為了預測男女主角的結局，聚集了相當高的人氣！但是戲劇裡默默無名的男女主角們，雖然透過這一次的戲劇被捧紅了，如果沒有個人特色，還有平常跟影迷們的貼心互動，很難延續之前的高人氣。

所以，透過這樣的案例，大家在幫商品企劃時應該要注意，需要針對不同族群創造不同的故事，譬如說：針對新鮮人的履歷講座，應該有什麼樣子的課程內容；中年失業人的履歷講座，族群不同要修正，履歷方向也會有所差異化，這樣的故事行銷策略，才會讓不同族群感受到商品是有「溫度」的，上完課之後，除了記得講師的風趣幽默，也能針對自己的狀況得到改善。

總而言之，商品需要故事包裝，且故事性就像鑽石一樣，「一顆恆久遠，鑽石永留傳」，鑽石本身只是一顆經過千年淬煉的透明石頭，但是它在愛情上所代表的意義，卻是「永恆不變」的堅貞，也因為動人的解讀，才會讓它幾十年來，都是婚姻裡最堅實的信物，這也是商品故事化的力量。

【東明老師五分鐘錦囊】

如果初次接觸商品包裝企劃的新手，可以從平日電視廣告入手，找出平時記憶深刻的三個廣告，然後將商品的實用性寫下來，再對照廣告故事的方向，練習做商品故事化的發想練習。

首先、拿出紙筆寫下「商品」為何？功能為何？然後進一步分析，為什麼這支廣告要用這樣的故事呈現？看完後個人感想是什麼？他人的評價是什麼？將這些資料收集後，分析比對。

LESSON 5

自我改造第五部：領導力

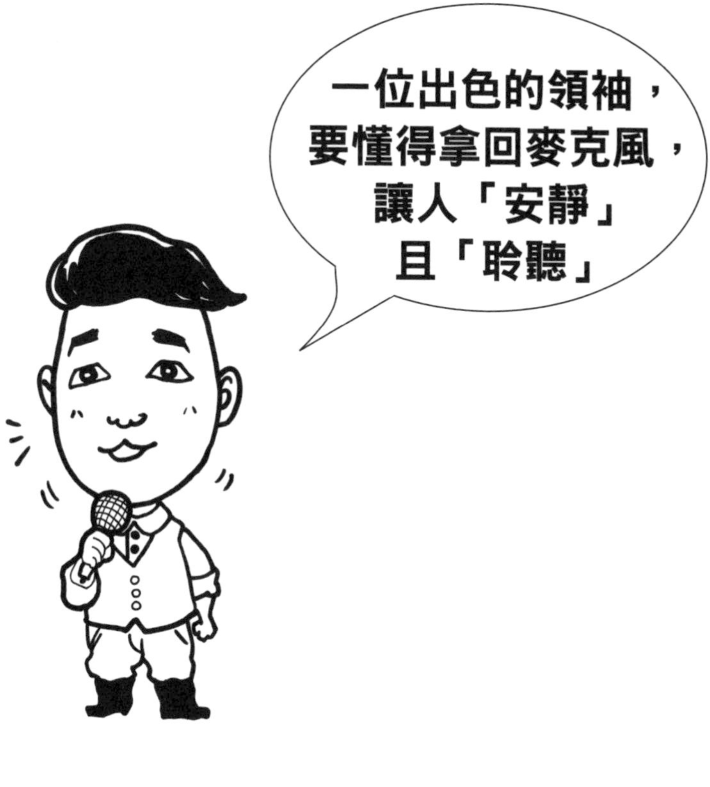
一位出色的領袖，
要懂得拿回麥克風，
讓人「安靜」
且「聆聽」

5-1

用「反問法」打回失禮問題

一個富有修養的人，在面對失禮的狀況時，往往不會採取直來直往的應答方式，而是轉個彎利用反問的方式，提點一下對方的狀況，也適時為說話者保留了面子。

有人問我說：「王老師，你平常都笑嘻嘻的！有生過氣嗎？」老實講，這個問題讓我思考了非常非常久，還特別問問與共事很久的助理，兩人實在想不出最近一次發脾氣、口氣差的狀況，請問大家最近生過氣嗎？為了什麼事情呢？大家又是如何回應呢？

有一位學生跟我說：「有呀！我常常在生氣，因為我的工作是髮廊的櫃檯小姐，偏偏每回會找上我的，就是嬌滴滴的貴婦，問題多就算了，偏偏口氣又很差，一天來個十個，我都快氣炸了！可是我又不能開口大罵，不知如何回應的狀況，讓我每天回家心情都非常低落！」

而另一位學生則是有不同的感觸：「王老師，我是那種一口氣都忍不下去的人，遇到別人揶瑜我，我一定會反擊，可是呀！每次反擊的結果，都會把場面搞得很難看，我也不想這樣，畢竟，我只是想要表達我的不滿而已，唉，請你教教我，有沒有什麼比較好的方式呢？」

在生活中，我們都曾經遇過「啞口無言」的狀況，尤其是面對奧客跟無可奈何的指責，深怕回錯話會讓事情越演越烈，雙方怒氣一來不可收拾；但是，長期下來，如果學不會應對的方式，又常常成為別人「軟土深掘」（台語）的對象，啞巴吃黃蓮有苦說不出，隨著人生閱歷的增加，面對這些狀況，我們不妨透過表達方式的演練，提升自己反擊卻又不傷人的能力。

當我們遇到「不公平」的時候

說真的，在我還是社會新鮮人的時候，也常常遇到這些狀況，不論是職場上、家庭裡、甚至朋友間，有時候總難免遇上言語挑釁、揶揄等種種不公平的情境，剛開始的時候，我也總是單純的為自己辯解，想不到對方不但不領情，狀況不僅沒有改變，也讓傷到了自己的信心，後來越來越不敢說話了。透過語言表達的練習，我發現，面對不公平的時候，善用一些小技巧，其實是可以慢慢調整自己的修養，當自己智慧提升，有了應對的自信力，這些小人也就自動退散了。

舉個例子來說，職場上不乏不公平的狀況，當主管在安排工作的時候，或許，A同事跟B同事因為個性不同，B同事向來嫻靜少抱怨，所以老闆老是柿子挑軟的吃，不少吃力不討好的工作就分配在B同事身上，面對這樣的狀況，B同事應該要怎麼向上反應呢？有些個性較為耿直的人，往往會這樣回答：「不公平，老闆偏心，我也很辛苦很累，某某人還有時間準時下班，為什麼不找他呢？」說者雖然無心，只是反應公司同事的工作狀況，但是聽在老闆耳裡，這些聽來就很不是滋味。

大家想想有沒有比較適合的回應方式呢？如果換個方式回應，「沒問題，但之前是您『親自』且『特別』交代下來的案子還在忙，公司目前有沒有其他適合人選呢？如果這件事情非我不可，實在分身乏術，您覺得我要優先處理哪件事情比較好呢？」在這段話中，我們利用了反問法跟加重音，提醒老闆目前的狀況，也適度地了表達自己能力有限，壓力有了分散，自然減輕不少，大家說是嗎？

對於敏感問題，回答不用太「客氣」

在上述的例子中，我們運用反問法，可以適度減輕壓力，把問題丟回給對方，算是生活中小狀況，所以也是半輕鬆的回應。但有一種狀況，我們就真的不用太客氣了，譬如說，我年輕的時候，曾擔任過攝影師，在接案的過程中，難免會遇到一些同行想要探探我們的接案價格，這位同行直接跟我說：「東明，我看你價碼應該很好，案子這麼多，賺翻了吧？」礙於價格的敏感問題，所以我也笑笑地回覆他：「如果那麼好賺，就不用那麼辛苦了！不是嗎？」

我必須在這裡澄清，通常在說話術中，大家都期待可以儘量替對方設想，幫對方留餘地跟留面子，但是面對一些刻意打探、找麻煩的人，為了避開這些問題，也讓對方知難而退，其實回答的語氣上，不用太過客氣！在之前「舞台力」的章節中，我們有提到，語調跟口氣，要順著聽眾的狀況而做調整，才能提升表達的意境。

事實上，「反問」的方式運用千變萬化，如果要知道詳細的用法，可以回去翻翻前面章節的「球球理論」，只是這邊我們舉以上的兩個分享，是要提醒大家身為一個有號召力跟領導力的人，絕對不是貿然用言語攻擊他人，但是當自己遇到攻擊的時候，也會懂得用適量的力道反擊，在商場上、職場上，運用說話能力達到軟硬兼施，不論對方出什麼招，說什麼話都不被激怒，才是真正的強者。

【東明老師五分鐘錦囊】

建議：找出自己常常生氣的理由，把對方究竟說了哪些話，讓你產生怒氣寫下來，然後在紙張上記錄下來，如果下次聽到這些話，自己會選擇如何回應？回應方式有哪些？

然後，在筆記本上記錄，某月某日針對某件事情，當自己真的做出這些回應的時候，心情如何？對方反應如何？一次一次檢討，才能在下次遇到同樣的狀況時，應對得宜。

5-2

說話有策略，學會理直服人

常言道：「動之以情、曉之以理、誘之以利、脅之以力」，說話除了表演跟心法外，策略性的交錯運用，才能讓人心服口也服！

讓別人心服口服的方式，究竟有幾種呢？老實說，我也回答不出來，想要發揮說話的影響力，不僅僅有時要用眼神交會，動之以情；有時光是用眼神是不夠的，缺了點說服力，還要加一點道理，但是道理說得過多，又會讓人覺得很煩人，總之，想要說服他人，就要帶點策略，才能讓人心服口也服。

就像很多人在職場上，遇到個性跟自己不一樣迥然不同的對象時，就不知道要什麼回應！比方說：自己是一個很愛說道理的人，剛剛好遇上一個喜歡講感覺的同事，每回要討論事情的時候，一開口詢問同事：「根據公司條例，你怎麼都不照著規矩走呢？我們都已經共事這麼久了，你不清楚這件事情的嚴重性嗎？」當喜歡講感覺的人一聽到這樣的語氣，頓時也變得非常不開心，就算事情沒有這麼嚴重，已經破壞了原先討論的氣氛，再也講不下去了。

倘若一個老是喜歡偷懶的員工，遇上一個想要激勵士氣的老闆，又要如何應對呢？我建議可以先找其他員工聊一下天，了解一下這位員工平常的表現，是屬於喜歡貪小便宜的人，還是怕惹麻煩的人，旁敲側擊地詢問員工：「聽說你最近可能家裡有急用，對於公司的薪資福利是不是有什麼想法？公司希望可以栽培你，當然，也是要跟你確認一下，如果你有心在工作上長期表現，我這邊可以跟會計談一下。」在這段對話中，老闆就運用了誘之以利跟脅之以力，兩種動機的策略搭配，當然，最後老闆得到了雙贏的局面，不僅員工開心，公司的生產力也變好了。

透過以上兩個案例的分析，我們不難發現，說話不僅僅是一門技巧，也是一種謀略的應用，面對不同狀況、想要達成不同目的，要會講理、也要會動情，多管齊下，順利達成協調溝通的結局。

面對不同對象，建立說服的策略

在做企業內訓的時候，我常常提醒學員們，說話技巧的運用要懂得「臨危不亂，處變不驚」，任何好的說服方式，都不可以從頭到尾用同一招，因為天時地利人和不同，就算是同一招，用錯了時間點，有時也會弄巧成拙。

有一位從事保險業務員的學員跟我說：「老師，為什麼我的同事平時很少進辦公室，只喜歡跑醫院，提供理賠服務，但是業績卻很不錯？」想要達成業績，說話對象跟場合的策略組合就更加重要了。因為這位學員的同事，雖然不像這位學員一樣擁有很多張證照，但是卻十分的感性，每回在醫院裡，看到理賠的家屬，總是一把眼淚一把鼻涕地跟家屬分析：「王媽媽，你不要傷心了，王伯伯當年就是因為有購買這張保單，所以今天你們醫藥費的部分，才不用擔心，為了全家人的幸福，保險規劃真的很要緊，我們改天等您精神好點，再約出來喝咖啡聊天？」

以上的案例裡，這位同事看準了生老病死的感性場合，發揮了說服技巧中的「動之以情」，而且恰如其分的拿捏著說話的分寸，知道那個場合不適合講太多大道理跟專業，做了下一次的邀約，也埋下了下一次成交業務的伏筆。而至於我那位具有專業證照的學員，可不可以用這樣的方式呢？當然也是可以，不過因為每個人的特性不同，專業證照是他的強項，善用「曉之以理，誘之以利」的策略組合，會更適合！

拿捏說話的分寸，想想該說多少話

當簡單的說話技巧，有了繁複的組合，就像是一份完整的攻略，除了要有大綱，當然也要注重細節。在評估過自己的特性，跟對象關心的重點後，該怎麼拿捏說話的分寸，跟時機點就變得異常的重要，就像一場美麗的婚宴，所有布置都到位了，要擺上多少朵花，才不會剛剛好雅緻，卻不顯得俗氣呢？

在一開始跟對方溝通的時候，千萬不要一次就把話說完，就像唱一首歌，想要歌聲好聽，也要懂得在唱歌換氣的時候，轉換聲音大小跟情感。舉個例子來說，大家都想要跟老闆要求加薪，但是要怎麼開口呢？多數都要先探探口風。「老闆，我最近家裡剛添了新成員，家裡的開銷變大了，唉。」停頓一下，觀察一下老闆的表情，如果老闆問：「家裡還好嗎？」然後，可以訴之以理「你也知道我們家全靠我一個人在賺錢，從來我也沒有遲到過，對於工作上的事情都很盡責，同期的同事，上星期都升了課長了，也該輪到我了吧。」

過鐵路的時候，大家都知道要停看聽，在思考如何達成實際溝通成效時，也不能缺少了這門功夫。就像上述的例子一樣，與對象講話前，最好先點出重要的關鍵訊息，因為剛添了寶寶，開銷變大，盡量不要太詳細，等老闆想要知道如何支持你的想法時，才訴之以理，最後才能皆大歡喜。

【東明老師五分鐘錦囊】

建議：想要說服他人時，應該要先擬定計畫。把自己有可能遇到的難題，寫在紙張上，然後根據困難度，看是要從最難的開始挑戰，還是要從最簡單的方式測試，千萬不要想說就說，不給對方思考時間，往往很容易把事情搞砸。

5-3

奪回麥克風有妙招

個人行銷的時代，不少人只要有機會發言，就滔滔不絕，有時讓人敢怒不敢言，所以，適時在會議、宴會、談判的場合提點一下，利用引導、歸納、總結，輕鬆說服對方讓出發言權。

在企業內訓講堂內，不乏一般的員工訓練，有不少人也是個各業界的翹楚，諸如大學內的授課講師、某業界的中階主官們，遇上這些術業有專攻的領導階級，意見交鋒的時候，我們要如何順風駛舵，尋求對方的認同，自動讓出手上的發言權呢？這件事情是相當有難度的，在課堂上，詢問學生類似的狀況該如何處理，結果得到很大的迴響。

身為業務主管的學生A認為：「我最不喜歡老闆每次開會的時候，拿起麥克風就不停，有時候已經約了客戶，整個早上的時間，就都花在開會就好。」

著名婚禮主持界的第一把交椅學生B談到：「婚宴場合上，總是會有很多致詞的佳賓，把短短的祝福時間，當成演說大會，讓台下等吃飯的人，臉都綠了。」

一位喜愛公關活動的朋友C說：「不要說平常演講場合，我們最受不了老闆每回都喜歡把公司聚餐場合，當成個人演唱會，還說要讓我們放鬆，真的讓人覺得哭笑不得。」

在這極為重視個人品牌行銷的時代，一些具有領袖特質的人，總是想要隨時出風頭。在會議場合以及交流會上發言，是一種良性的互動，可以讓意見跟資訊交換，此時，我們千萬要記得拿到發言權的時候，絕對不是想要說服他人，或佔用了別人的時間，以強化自我的光環，而是學會「引導」、「歸納」跟「總結」的能力。

小「暗示」幫大老闆踩煞車

究竟什麼是「引導」「歸納」跟「總結」的能力呢？為了避開領袖的正面

衝突，我們一般來說，都會運用暗示的技巧！譬如說：當婚禮主持，我們遇到拿著一致詞就忘我的特別來賓，我們都會怎麼做呢？如果是我，可能就會用「引導」的方式提醒：「我非常欣賞這位議員的用心，因為新娘已經穿好衣服要出來敬酒了，但是我們都知道好酒沉甕底，我們先請議員等等再上來！」

我也曾經在會議場合上，遇到類似的狀況，有一回，幾個活動的企劃一同開會，有一個主要的大老闆，一提起活動的想法，就滔滔不絕，但是所提出的方向跟本日會議的主題完全不相干，當他發表高論將近一個小時後，我非常客氣地點了點頭說：「讓老闆這樣用心的說了一個小時，讓小弟我來幫大家歸納一下，您的建議非常中肯，目前很多業界的老手都是這樣做的！首先、……，然後……。」利用中場「歸納」重點的方式，把老闆的麥克風搶回來，後來，也藉機開始當天真正的議題討論，才順利結束這場會議，不然我想，從早上九點開到晚上，應該也開不完吧！

最後呢？我還要舉一個「總結」的運用方式。在談判的時候，我們有機會遇到雙方僵持不下的狀況，因為對方可能為了要爭取個人的權益，不斷地想要說服對方，所以「落落長」（台語）的講了一大段的話，就是不讓對方有插嘴的餘地，此時，我們不妨先挪動身體，運用一些看錶、伸展的肢體動作提醒對方你的不耐煩，然後客氣地說道：「您說的話我都相當認同，我想我們一起來下個結論吧！這樣做，可以符合你想要的效果，我建議……」藉由這樣的方式，幫大老闆踩煞車，也順勢奪回發言權，適度地闡述個人的意見。

運用「醫生理論」轉化心態

大家都有看過醫生的經驗嗎？來看醫生的人，都抱持著什麼樣的心態呢？當一個人滔滔不絕地說著自己的事情，希望得到專業人士的認同，如果臨時被打斷，當下的心情跟感受度又會是如何呢？有些人會覺得沒有關係，但是有少部分較為主觀或是關注自己病情的人，就希望得到醫生全部的關注，其實，很多領袖性格的人，都有這樣的特性。

那麼考考大家的觀察力，大多數的醫生，為了讓性急而主觀的就診病患，得到妥善的回覆，多數都會採取什麼樣的處理方式呢？他們會說一般而言，話都很少，但多都是以「詢問」的方式，抓出病患想要的重點，最後，才會給出自己的「答案」。譬如說：文章開頭時，業務員A有提到，老闆總是喜歡開冗長的會議，造成大家的不便，難道老闆自己不知道嗎？我相信，老闆多多少少知情，但是依然想要開這場會議的目的，是希望公司進行方針受到重視，那麼，當他一直詢問大家意見的時候，不妨先展現出「與老闆一樣對會議重視」的態度。

正所謂：「伴君如伴虎」，懂得搶回發言權，但是該有的份際還是要有，優先重視對方所重視的是情，千萬不要有小媳婦的心態，發言權掌控在自己手裡，懂得尊重對方，挑對時機表達個人意見，自然就會在工作中獲得肯定，種下好的種子，才能結出美好的果實！

【東明老師五分鐘錦囊】

建議：在練習「引導」「歸納」「結論」三種方式的時候，千萬要記得永遠要優先尊重說話者的感受，臉部表情也很重要，點頭微笑外，還要露出肯定對方的眼神，要切入對方的話題時，可以用眼神示意「請容於我幫大家解釋一下……」再把三種方式帶入，才能一氣呵成不得罪人。

5-4

你說的話，別人懂多少？

日本口語溝通專家箱田忠昭指出：「別人火冒三丈的時候，最需要被安撫的是情緒。」如果提出要求，對方卻不願意協助，自己要先檢討，是不是在溝通過程，忽略了對方的「心」。

一個具有領導能力的人，往往都有運籌帷幄，尋求協助他人的能力。歷年來，我們公司的案件規劃，涉足了不少跨行業的異業結盟，常常遇到窗口上的協調問題，也讓我發現，口語溝通中一件重要的事情：提出要求前，要先安撫對方的心。

公司同仁常常跟我反應一種狀況：「老闆，我們都已經很認真地跟對方窗口溝通了，有時候，還是沒有辦法如期完成呀！我們也很不願意呀！」我相信只要不是單打獨鬥的工作，都會遇到需要請求協助的狀況，當自己很急，對方卻不急的時候，大家可能要重新思索，是不是雙方面的溝通出了問題？問題絕對不會出在一個人身上。

有一回，我在溝通講堂遇到一個學生，他說：「我是從事工程相關工作，我最討厭跨部門的合作案了，因為我明明需求表寫的相當完整，但是採購部門總是拖拖拉拉，每回去都碰了一鼻子灰，有時候一拖再拖，影響到工作進度，又是我的問題，唉。」當然，正常來說，職場上，除非自己就是老闆，不然沒有任何員工喜歡自己的工作量增加，所以當我們我們提出需求的時候，除了檢討規劃的完整度外，還得要拉高自己的ＥＱ。

請求協助，攻「心」為上

這裡講的攻「心」，絕對不是氣急攻心呀！想要人家願意幫忙，ＥＱ就要更高，先學會安撫別人的情緒，站在對方的立場著想，利用說話術建立良好關係。以上述學生的狀況來說，因為他是工程師，所以開出來的需求表一定是工程需要的規格，假設預算有可能比較高，就會造成採購部門的困境，所以在表達需求前，不妨先跟採購窗口聊聊天，表示一下，這次的狀況有可能會造成對方的困擾，但是如果以後有機會，一定會記得對方的幫忙，雙方都會有好處。

當然，在溝通的過程中，除了說話態度要誠懇外，聊天話題也很重要，如果過於重視利益關係，也會讓對方感受到強迫且不舒服，儘量以「我也知道你的難處，如果你願意盡量幫忙，我會非常感激。」換得對方的信任度跟好感。進一步，也可以提出懇求：「如果可以的話，是不是方便給我一個比較確定的日期呢？畢竟，我也是需要對其他主管交代，再麻煩你了！」

尋求協助，要量力而為，先求有再談成效，想要建立不同部門同事的交情，不妨從一個無法拒絕的小忙開始，「我遇上這個專業名詞不太了解，可以告訴我嗎？」就像我們要去投資股票或是基金，如果一開始的時候要求對方要拿出一百萬出來，對方當然會覺得壓力很大，倘若只是拿出一、兩萬元出來，對方能力許可的範圍下，可能願意小小配合一下，之後再提出真正的請求，此時可以增加對方未來願意幫忙的可能性。

被拒絕才是打開心門的契機

在請求他人協助的時候，多數人都會到一個心理上的問題！請問大家猜猜看是什麼呢？答案就是「沒面子」。當尋求合理的幫忙，對方卻沒有馬上答應，多數的人心裡都會有一個OS「不幫就算了，這是公事又不是我私人的事情！」或是挫折感加重，見面就不給對方好臉色。

事實上，第一次被拒絕後，才是打開心門的契機，當我們放下身段拜託別人的時候，拒絕的人多數心裡也會懷有愧疚感，忘掉被拒絕的情緒，能夠不計較依然保持風度跟氣度的人，往往可以獲得對方的好感；若是「見笑轉生氣」（台語）反而會讓人覺得這個人真是脾氣不好、沒風度，留下不好的印象。

總而言之，說話表達術除了心法、口氣、技巧等等，最重要還是在「人心」，個人能夠保持高度的EQ，不受他人跟自己的情緒影響，為了尋求最終的圓滿，不斷請求，會讓對方因為柔軟的讓步感到壓力，對方會更容易完成你的要求！那麼請問大家，究竟要被拒絕幾次才會成功呢？哈！這就要看大家的功力了，如果可以加上淚眼汪汪、無辜可愛的表情，也許只要兩次就可以敲開對方心門囉！

【東明老師五分鐘錦囊】

建議：要準備與他人協商，達成未來共識以及協助的時候，首先要建立良好關係，先把雙方可以配合的時間、方向敲定，放大雙方都可以互惠的好處，以及訂下明確的日期。在配合的過程中，姿態不宜過於高，以免造成對方反感，如果被拒絕了，也還是要保持好風度，因為拒絕後的第二次要求，往往才能打動對方的心。

5-5

職場七「諫」無往不利

俗話說得好：「忠言逆耳。」面對經驗豐富的上司，想要提出公司需求，融合時代新觀念，與老板共舞，是現下不少上班族新鮮人的磨考，但是只要掌握應對進退小技巧，就能無往不利。

前陣子《甄環傳》重播了好多次，隨著戲劇的催化，不少人也開始研究起宮廷職場學，在深宮大院裡，伴君如伴虎，說對話雞犬升天，「對」的話，用錯表達方式，還要看皇帝老爺當天心情爽不爽快，一個不小心，不僅得罪上司，還有可能從此被編入黑名單，所以在分享會上，遇到不少學生熱烈地討論。

當業務助理的Amy說：「我每個月都要跟老闆報告客戶聯絡狀況，有些客戶真的很機車，但是我每回反應，老闆每次都說，那是你的問題，不然我請你來做什麼？」

而學生Billy也說：「每個老闆都要馬兒好，又不給馬兒吃草，薪資福利一直縮減，我要怎麼爭取加薪呢？」

最後，一位自己創業當老闆的學生Andy也很無奈的搖搖頭說道：「如果是為了公司好，當老闆的誰不想要聽到真心話！但是，總覺得員工有時候都在推託、藉口很多，根本聽不到重點。」

結束了這場激烈的討論，看來勞資雙方各有各的立場，公說公有理，婆說婆有理，我們實在無法評論誰對誰錯，但是在職場上生存，大家表達前，千萬要掌握一個大原則，就是「共好」（Win-Win）。說真的，每個老闆的前身，都是優秀的員工，因為未來開發業務來源的每個客戶都等同於是我們的老闆，惟有學會「對上管理」，才能幫自己開拓更多的機會！

學會把「諫」言轉化成建言

古人說得好：「勇者無懼」，惟有主動迎擊，不懼艱難的正面思想，才能得到雙贏局面，究竟什麼是「共好」呢？在我的課堂上，讓學生大量討論的好處就是，學生可以透過不同角色的發言，得到不同的想法跟意見。當自己是員工的時候，我們當然會覺得老闆的要求很無理，但是，大家有沒有想過，也許老闆的要求很合理，只是因為他表達的方式，不是對方所喜歡的？換句話說，員工有想法很棒！是不是員工表達的方式，只要微微修正，就可以達到共識了呢？

那麼面對不合理的要求，如何將「諫」言轉化成建言呢？舉例來說，在婚宴場合我常常遇到，很多專業人員的合作，如：燈光音控、飯店人員、主持人等，有時因為時間、場地的配合狀況不佳，導致大家會有互相推責任的狀況，當然我身為主要的負責人，當業主（上司）方向反覆，家裡人七嘴八舌，變成多頭馬車的時候，我會跟他說：「親愛的××先生，我很認同你在燈光、會場上的建議，但是您也很清楚說過，這件事情要往這方向前進，為了讓事情更完美，我們可以到第二階段的時候，再看狀況。」以上這段話，是面對上司不合理的要求時，我們仍需要先尊重上司的角色，也堅守自己的立場，事情還是有空間，但是目前為了時間有限，雙方必須都要退讓一步。

事實上，事情本身並沒有那麼複雜，但是因為人都會隨著別人的情緒起舞，不少人在溝通之前，就會先預設立場，譬如說，會不會因為說了這段話，得罪了上司，就會失去一些原本的信任跟利益？心態上過於討好，事情的發展往往會無法掌控，到最後變成責任踢皮球，這樣沒有達到「雙贏」，還有可能變成「雙輸」的局面。

直言敢「諫」提升職場競爭力

在前一章節中，我們有提到「正面語言」的力量，還有艾菲爾鐵塔，換個位置要換個腦袋的心態。這些都是說話基本功裡，要具備的進攻心法！當我們在工作上有了想法，不妨試著相信自己專業的判斷，且對自己深具信心，加上好的應對技巧，適時點出公司「缺乏」的部份，才能提昇大環境的競爭力，這樣的員工，才是對公司有助益且需要的員工，老是說好話，逢迎拍馬的員工，雖然一開始會受到同事的喜愛，但是久了，睿智的老闆也會發現兩者的不同。

這裡我再舉一個來上課的學生們，會發生的通病。不少學生對於現下工作都有不少「抱怨」，總是會先跟我說：「這些狀況我都已經跟老闆說過了，但是他就是不聽，最後事情不順，他還是怪在我身上，我真的很煩！」當我聽完這段話的時候，先不批判對錯是非，因為透過正確的語言表達方式，一切都可以改變，建議學生們，聽聽這樣的說法：「這些狀況我們已經報告老闆，尊重他的選擇，希望事情非常順利，如果最後是我的問題，我們只能再尋求更好的方式解決。」

以上兩個說法都是針對事情提出「意見」，請大家比較一下透過不同思想表達，聽起來有什麼不同呢？感覺上有什麼差異呢？我們常說：「想法影響感覺，感覺影響思考，思考影響行動。」想要說出有建設性的「建言」，在說話之前就要先確定自己的想法，問問自己，真的是希望公司好嗎？還是只是想要傾吐自己的不滿呢？最後，甚至說話表達只想責怪對方，無怪乎別人無法接納。發言的主控權，永遠操之在我們自己的手裡，丟出一顆善意的球，對方自然會有善意的回應，在適當時候說了「對」的話，自然可以直言敢諫，成為老闆不可或缺的軍師。

【東明老師五分鐘錦囊】

建議：面對不同的業主跟上司，不要一昧地說好話，應該要把利害得失，作一客觀的分析，有時候態度誠懇，反而會得到長官與客戶的信任。

首先，檢視整件事情的狀態，在心中捨棄誰對誰錯的想法，把要提出建議的事項寫出來，重覆看看要提供建議的文字中，是否有「指責」「埋怨」對方的想法，如果有請拿掉，把文字改成「希望共好」「期待有共識」的方向，在家練習幾次後，才能心平氣和的跟對方討論，持續練習後，大家會發現，互相指責的機率越來越少，工作溝通模式也越來越順利。

5-6

輕重有度，不一棍子打死

在協商洽談的過程當中，不論當下雙方是否有得到共識，還是最後導致破局，都不應該把話說死，畢竟山水有相逢，緩兵之計才能爭取更多的思考空間。

多數的學員除了是我的學員外，到最後都會變成好朋友，可能個人在性格上就有樂於分享的優點，所以也有不少學員聊天範圍很廣，生活上任何瑣事都會拿出來分享。然而，透過這些學員的分享中，我發現，只要是陷入協商洽談的過程中，多數學員都有「喜歡烙狠話」的通病，不曉得是不是受到八點檔鄉土劇的影響，還是現在的人都只想要「快刀斬亂麻」而忽略了通盤思考的重要性，我有時也被搞得糊裡糊塗。

也因為看到了這些迷思，請大家設想一個狀況：在人際網絡交集頻繁的社會裡，什麼狀況，你會跟對方老死不相往來呢？如果無法確定未來都不會有交集，那麼有必要在一開始協調的時候，就把話說死了嗎？舉例來說，有很多年輕人不論在工作上、或是感情上，都習慣用情緒處理事情，受了委屈就會找同事、朋友訴說，有時候還會鬧到網路上所有親朋好友都知道，但是一旦情緒退去，他心裡又後悔了，但當初說的抱怨全傳到對方耳裡了，後續的狀況又該如何處理呢？

正所謂：「識時務者為英雄」，但是英雄卻常常因為沉不住氣，就變成了落水狗熊了；說話是門藝術，也是門自我管理的學問。在辦公室裡也是一樣，我們常常聽到很多是是非非傳來傳去，如果沒有辦法先沉住氣，分辨事情的輕重緩急，只是想要快速解決事情，而把話說絕了、說死了，事情恐怕就沒了轉圜的餘地，就算千般後悔也難以收拾了。

協商小重點，「警鈴」大作前先三思

講起協商的個案，不論在我們工作上、還是生活週遭，簡直不勝枚舉，就像我公司助理上回遇到的一個案例來說，因為下半年度出書、演講以及舞台劇等等重大規劃，相對的，偶爾也會遇到配合廠商延誤了配合時間的狀況，當然我們都以誠信的原則與廠商配合，但是面對廠商拖延跟回覆的理由，為了確保雙方的信任度，我們還是要問清楚，避免事後無法補救的狀態。

這時候建議作法是，做任何思考判斷前，都先要養成建立「警鈴」系統的習慣。比方說：不輕易相信藉口，當我們優先先打電話確認對方在執行上的狀況時，對於剛獲得的訊息，不可以直接下批判或是評論，可以問問「那你的想法是該怎麼處理比較好？」「你覺得呢？」「事情有其他可能性嗎？」運用提問的狀況，可以收集及爭取更多的思考參考值，讓自己的腦袋有空間想想，萬一這件事情砸鍋了，又該怎麼處理。

當然，後來這些事情都順利的完成了，但是助理跟我分享：「老師，我被你『嚴厲指導』的次數變少了耶！透過反覆提問，除了幫自己爭取一點思考空間外，也可以確保事情不會遇到開天窗，或是導到無法收拾的田地！我覺得我有變聰明歐！」透過這樣的案例，我們不難發現，很多事情不一定有辦法一次到位，利用雙方對話中反複協商確認，可以避免我們因為心煩意亂而莽撞行事！有了警鈴系統，可以增加妥善思考的能力，面對狀況思考的角度更廣，思緒也更為縝密。

地球是圓的，打不過就先退吧

我們常常說：「商場如戰場」，尤其在固定的業界裡，大餅總是由固定的人分食，就像戰國時代，有時需要結伴而行，有時卻有可能成為敵人，在當時候不少的政治家，多採「合縱」「連橫」等策略，套句白話一點的意思就是：「地球是圓的，這次我們沒有達成協議，但是下回有機會，我們依然可以一起作戰，畢竟有錢大家賺。」

所以，為了顧全大局，也為自己留下下次合作的契機，說話技巧就相當地重要！譬如說，當對方提出質問：「請問這個企劃案，到底什麼時候會確認呢？」如果尚未確定，不妨可以用緩兵之計回答：「我們已經在積極爭取了，下次開會再討論。」如果對方依然不願意放棄，一直提出質詢：「那倒底何時會知道，我們就這樣一直等嗎？」此時不妨進一步跟對方提問：「畢竟企劃審核需要時間，你有更好的方式嗎？」倘若對方因為這樣就生氣了！該怎麼善後呢？當然是幽默解套囉，稍微安撫一下對方：「一定要這樣嗎？你看我為了這個案子臉上都已經變成豆花男了說！」

當然，大家要記得一個重點，所有說話技巧的演練，都是為了讓雙方的結局更為圓滿，且達到共識，而不是故意推託，或是推責任，因為起心動念的不同，也會影響到結局的不同，懂得在狀況不明的情況下，幫自己爭取緩衝空間，可以避面災情擴大，撫平雙方情緒，但是如果刻意濫用說話技巧推託拉扯，長期下來就會讓對方失去信任感，所以，留得青山在，不怕沒柴燒，應對得宜，誠信以待，才是懂得分輕重的領導者。

【東明老師五分鐘錦囊】

建議：用時間跟思考空間換取雙方未來配合的機會。面對客戶的逼問或是攻擊，也許我們沒有馬上決定的能力，有可能要詢問主管，或是思慮不周，為了避免正面衝突，可以三秒鐘後再做一次口頭重覆確認：「你剛剛說的話是這個意思嗎？」對方如果非常肯定，然後再做後續的處理，切忌：貿貿然地回答，容易讓人產生不夠穩重的負面印象。

◎說話進階評量表

階段	特徵	類型（舉例）
第一階段「不說」	・台下很會說。 ・不敢上台發表意見，遇到時立刻推託、搖頭說不。	一般人
第二階段「敢說」	・敢上台發表意見，但講話較為零落。 ・內容常讓人想乏味、想睡。 ・大家可用堅定語氣、眼神、點頭等，鼓勵對方，幫助建立信心。	學校教授
第三階段「能說」	・敢上台，但只是把話說完而已。 ・需要投影片輔助。 ・投影片重點過多。 ・過度專業，讓人聽不懂。	工程人員
第四階段「愛說」	・享受人前拿麥克風的感受，不停的講話。 ・在 KTV 拿到麥克風放不掉。 ・多講是非，喜歡像三姑六婆一樣。	賣場推銷員
第五階段「亂說」	・像喝醉酒一樣，該講不講，不該講卻亂說。 ・常常否認自己講過的話。	一般人

階段	特徵	類型（舉例）
第六階段「懂說」	‧講話說重點。 ‧精簡有力，由內而外散發魅力。 ‧成熟度高，讓人想要聽他說話。 ‧氣定神閒。	美國總統歐巴馬、蘋果電腦執行長賈伯斯等。
第七階段「懶說」	‧只要一個眼神、動作，對方就知道你的意思。	電影《穿著Parda的惡魔》總編米蘭達的劇中角色一樣，老闆階級必須達到此階段。

補充說明：在敢說、能說、愛說階段中，通常會卡在亂說，只要度過這段撞牆期，說話技巧就能大大提升喔！

Note

Note

Note

Note

Note

國家圖書館出版品預行編目資料

說中點．講重點，我就是能說動人：說出你的自信指數 / 王東明作. -- 初版. -- 新北市：智富, 2013.11

面；　公分. --（風向；70）

ISBN 978-986-6151-56-9（平裝）

1. 說話藝術　2. 口才　3. 成功法

192.32　　102020818

風向 70

說中點．講重點，我就是能說動人——說出你的自信指數

作　　者／王東明
主　　編／陳文君
企劃編輯／蕭合儀
攝　　影／謝瑋銘
插　　畫／王子麵
插畫設計／吉玟蒨、黃冠融
封面設計／鄧宜琨
出 版 者／智富出版有限公司
發 行 人／簡玉珊
地　　址／（231）新北市新店區民生路 19 號 5 樓
電　　話／（02）2218-3277
傳　　真／（02）2218-3239（訂書專線）
（02）2218-7539
劃撥帳號／ 19816716
戶　　名／智富出版有限公司　單次郵購總金額未滿 500 元（含），請加 50 元掛號費
酷 書 網／ www.coolbooks.com.tw
排版製版／辰皓國際出版製作有限公司
印　　刷／世和彩色印刷股份有限公司
初版一刷／ 2013 年 11 月
六刷／ 2018 年 8 月

I S B N ／ 978-986-6151-56-9
定　　價／ 280 元

合法授權．翻印必究

Printed in Taiwan

黏貼處

電話：(02) 22183277
傳真：(02) 22187539

世茂好書・豐富心靈

世潮精典・智慧同行

廣告回函
北區郵政管理局登記證
北台字第 9 7 0 2 號
免貼郵票

231新北市新店區民生路19號5樓

世茂
世潮 出版有限公司 收
智富

黏貼處

讀者回函卡

感謝您購買本書，為了提供您更好的服務，歡迎填妥以下資料並寄回，我們將定期寄給您最新書訊、優惠通知及活動消息。當然您也可以E-mail：Service@coolbooks.com.tw，提供我們寶貴的建議。

您的資料（請以正楷填寫清楚）

購買書名：________________

姓名：________ 生日：____年____月____日

性別：□男 □女 E-mail：________________

住址：□□□____縣市____鄉鎮市區____路街
____段____巷____弄____號____樓

聯絡電話：________________

職業：□傳播 □資訊 □商 □工 □軍公教 □學生 □其他：______

學歷：□碩士以上 □大學 □專科 □高中 □國中以下

購買地點：□書店 □網路書店 □便利商店 □量販店 □其他：______

購買此書原因：___ ___ ___ ___ ___ ___（請按優先順序填寫）
1封面設計 2價格 3內容 4親友介紹 5廣告宣傳 6其他：______

本書評價：____ 封面設計 1非常滿意 2滿意 3普通 4應改進
____ 內　容 1非常滿意 2滿意 3普通 4應改進
____ 編　輯 1非常滿意 2滿意 3普通 4應改進
____ 校　對 1非常滿意 2滿意 3普通 4應改進
____ 定　價 1非常滿意 2滿意 3普通 4應改進

給我們的建議：--

